# 專買黑馬股②

## 從魚頭吃到魚尾的

# 飆股

## 操作法

楊忠憲◎著

## 前置篇
# 進場前做足準備
Chapter
1

# 全盤學習K線捕手操作法
## 完整參與上漲行情

2020 年 3 月，我的上一本書《專買黑馬股　出手就賺 30%》（以下簡稱《黑馬股》）出版之後，收到來自各方讀者的鼓勵，在這邊跟大家說一聲「謝謝」。

除了鼓勵之外，也收到更多的提問，於是我知道，讀者有很多疑問在《黑馬股》這本書中，是沒有得到答案的。但實際上，在寫《黑馬股》的時候，我就已經知道，接下來這本書《專買黑馬股②：從魚頭吃到魚尾的飆股操作法》我也一定要把它完成，因為這樣，整個交易系統才算是完整。

初學股票時，聽過一個故事：有人問股神巴菲特（Warren Buffett）說，投資要怎麼樣才能賺錢？巴菲特回答他，就是低買高

賣。雖然看起來像是玩笑話，卻也是事實。股票的投資方法眾多，但說穿了確實就是這樣——「低買」和「高賣」。我的交易系統也是找到股票起漲的點位，然後在股價相對高點位置，或是股價走勢轉弱的時候，將股票賣掉。

《黑馬股》中提到的主要交易區塊是「中長空頭，剛剛反彈或是初升段的利潤」。腦筋動得快的人，一定馬上就想問：「那主升段和末升段該怎麼辦？」如果是長多頭，只參與了第1段，錯過了最會漲的主升段和末升段，豈不是很可惜？

的確，當基本面持續走多，而且台灣加權指數、櫃買指數，甚至國際股市，都是大多頭的時候，1檔股票的漲幅往往超過50%，甚至高達數倍，只參與初升段的行情的確是太可惜了。

但其實在《黑馬股》裡，有提到2種方法，也可以參與到主升段和末升段的行情，那就是「目標價停利法」和「跌破支撐法」。事實上，這2種方法就是本書接下來要教授的「飆股操作法」的原型。

由於上漲一個波段的飆股，常常股價已經創了新高，因此沒有反轉型態可以估算，也沒有前波支撐壓力可以參考，此時就必須設定

移動式支撐（即跌破支撐法）。但是設定移動式支撐，對於初學者有一定難度和風險，所以在《黑馬股》只有略提重點，而將較多心力放在介紹「目標價停利法」上。

事實上，跌破支撐法對比目標價停利法，是完全不同的思維，可以說是另一個宇宙（詳見表1）。若用開車比喻，目標價停利法很像事先規畫出目的地，但在抵達目的地之前就是持續前進，中間可能會遇到一些異常路況，但因為目的地還沒抵達，所以仍持續前進，直到抵達終點。而跌破支撐法則是沒有目的地，僅是往前開，然後綠燈就繼續走，黃燈警戒，紅燈就停下來，所以是開一段停一段。

跌破支撐法比起目標價停利法更為複雜，需要每天觀察，透過短天期均線、長紅K棒或長黑K棒、缺口等數據，設定移動式停利。但是如果遇到飆股，又想掌握大漲波段，自然要辛苦點，需要每天追蹤觀察。

其實跌破支撐法的本質，是一種「移動式停利」和「移動式停損」思維，「當技術面的發動點出現就買進，當技術面賣出訊號出現時就賣出」，交易模式相對靈活，但是難度也比較高。最困難的地方在於，跌破支撐法不能透過技術型態或技術指標計算目標滿足參考

## 表1 跌破支撐法獲利空間較大，但技巧也較進階
——目標價停利法vs.跌破支撐法

|  | 目標價停利法 | 跌破支撐法 |
|---|---|---|
| 操作原理 | 有上漲的把握，且能估算出有效漲幅或目標價 | 有上漲的把握，但無法估算有效目標價 |
| 做法 | 在技術面發動時買進，目標價完成時依照策略停利 | 在技術面發動時買進，技術面出現賣出訊號時賣出 |
| 優點 | 有依循方向，股價震盪比較不容易被震盪影響而賣出，適合初學者學習 | 獲利空間相對大 |
| 缺點 | 1. 會有目標價盲點，萬一趨勢不對，不容易紀律出場<br>2. 獲利區間相對有限，約 20% ～ 30% | 需要能看盤，以及較進階的技術操作能力 |

價位，並依照目標價規畫出場策略，所以只能透過移動式支撐的方式（就是由最高價回檔的區間），制定出場策略。

事實上，跌破支撐法完整版需要綜合很多工具，例如：盤中漲跌、K棒、價量關係、均線、乖離率、KD、MACD、型態學……，但是初學者一開始無法同步觀察這麼多的訊號跟工具，所以我先將完整的跌破支撐法交易系統簡化，作為初階的學習。為了教學和說明的

便利性，我將簡化版的跌破支撐法統稱為「飆股操作法」，等到這個基礎相當熟練之後，再把其他工具逐一納入，就可以建構完整的跌破支撐法。

不過完整的跌破支撐法還不是最後的階段，最高階的狀態，是要能夠將《黑馬股》所提到的「目標價停利法」，以及本書的「跌破支撐法」混合使用，3-2 我也會向大家介紹此種操作手法。

也就是說，這本書會從初階的「飆股操作法」開始教起，接著談論進階的「跌破支撐法完整版」，以及最高階的「跌破支撐法＋目標價停利法」，給大家一個全面的教學。同時，我也會將操作時的一些心得、想法、要注意的眉角等寫下來，讓大家能順利掌握其中的訣竅。

本書既有完全不同視野和操作技巧，但也可以視為《黑馬股》一書的延伸。接下來，我將帶領大家一起進入 K 線捕手的宇宙，希望各位投資人可以在這本書找到你想要的答案。

# 前置篇
## 進場前做足準備

# (1-1) 投資學習經驗談
# 引領新手快速入門

　　因為曾經遇到有粉絲長期追蹤我的網路文章和分享、買過我的書，但是對投資仍然不得其門而入。因此，在進入正式內容之前，我想先花一點時間跟大家分享我的投資學習經驗，希望能夠給大家一些參考，也讓投資新手能快速入門。

## 內化書中知識，製作專屬自己的「武功祕笈」

　　就學習投資這件事情來說，我認為能夠「內化與吸收」書中知識是一件非常重要的事情。其實投資人所謂的「讀一本書」，都只是翻過、瀏覽過，但是這樣的讀法，看一次是不能吸收的，必須要多看幾次才行。

　　至於要看幾次才算熟？我認為差不多要等於背下來，不然無法進

階到使用的層級。只是把書翻過、瀏覽過不算讀完，其實距離內化還很遙遠。下面跟大家分享，我是怎麼讀書的。

我認為讀書必須做到「具體性（Concreteness）」和「持續性（Continuity）」。什麼叫做具體性？就是要有方法、有系統。首先，一本財經書籍至少要先詳讀一遍。多數人大概以為這樣就算讀完，就能說自己讀過這本書了，當然沒有，這只是開始。

《60分鐘抓住學習的兔子：10倍速遊戲學習法》作者薇蕾娜‧史坦納（Verena Steiner）說過：「閱讀後，24小時內複習最有效。」所以詳讀完畢之後，接著要重讀一遍，這次要用筆畫重點，就像中學時讀教科書那樣。

接著，要把畫線部分寫成手抄筆記，抄錄重要學習內容，提綱挈領的分類歸納，去蕪存菁保留精華，標示優先順序，這樣才能做到認知重點、整理重點及管理重點。

整理完重點以後，再將手抄筆記逐字輸入電腦，最好還能附上圖表。若是重要的內容，還要拍照或掃描。之後，再把整理好的筆記列印成小冊子，妥善保存管理，適時複習，這本小冊子就是屬於你

自己的武功祕笈。最後，還要精讀跟熟背那本小冊子。以我的標準，上述整套流程這樣操作下來，才叫做「讀過」一本書。

　　覺得這樣很辛苦嗎？不會的。因為我用這樣方式「讀過」的股票投資書，至少 60 多本。應該有很多朋友都曾看過我從電腦印出來的小冊子，這才叫做「持續性」。

　　學習是有層次之別的，粗淺的知道不等於你學過，學過不等於你學會，學會不等於會用，會用不等於熟練，熟練不等於精通。股市跟真實人生一樣，沒有不勞而獲的，都是一分耕耘一分收穫。

　　子曰：「學而不思則罔，思而不學則殆」。一味讀書而不思考，就會因為不能深刻理解書本的意義，而不能有效利用書本的知識，甚至陷入迷惘。如果一味空想，而不扎實地學習和鑽研，則終究是沙上建塔，一無所得。投資正是一門這樣的學科，必須同時學習和思考，才能積累出有用的知識。

## 持續修正操作方法，股市是每天都能重生的地方

　　看到這裡，也許有人會反駁，「不會啊，我身邊有朋友完全不看

書，還不是在股市活得好好的？」其實在行情大多頭的時候，不管是研究基本面、籌碼面、技術面，甚至聽消息、不守紀律、亂買、亂賣……，都可能會獲利。

即使投資人有短套，套牢幅度也可能不會太大，且只要手中持股基本面不要太糟，往往很快就會解套。正因如此，會讓投資人失去戒心，而不會檢視自己的操作方法，究竟是靠專業和交易技巧賺到錢，還是只是僥倖跟到多頭的順風車？

但是，等到行情盤整，甚至步入空頭，操作難度就會急遽攀升。多頭全部都是贏家，大多數的人都賺錢，但是最後的決戰永遠在空頭市場，究竟鹿死誰手，誰高誰低，那個時候才見真章。

每次空頭崩跌時，市場的投資人，會呈現多種不同樣貌，最幸運的就是跟著做空的投資人。其次則是持股空手，滿手現金、全身而退的投資人。再來是有持股，但是比重不高的投資人。最後壓力最大的，自然是滿手股票，並眼睜睜看著股票下跌，又沒有任何作為的人。

而這當中每一個過程和角色，我都經歷過，因此投資人務必檢視

自己的操作方式，究竟是僥倖賺到錢，還是用嚴謹、有系統、正確的方式賺到錢。重點是，你究竟有沒有從這一次的交易經驗學到什麼？因為股市就是一直在重演歷史，只要學會方法，其實就只是一直「複製」和「貼上」而已，即使今天失敗了，明天你就又可以重生。怕的是不願意改變，不願意學習，一直重複錯誤，那才是最讓人遺憾的事情。

所以即使有時候交易得不好，千萬不要灰心，因為股市就是這樣奇妙的地方。「禍兮福之所倚，福兮禍之所伏。」禍福相依，往往當你覺得好像快要世界末日了，就是轉機要出現的時候。

「不怕沒機會，就怕沒準備。」說過這句話的名人實在太多了，也忘記第 1 次聽到是從誰口中。其實在股市久了，有時會遇到盤勢空頭下跌，無趣到一種程度。但也愈是這種時候，愈能分得出你以後會成為專業投資人，還是專業散戶的差別。

市場行情不好一樣持續看書、做功課、解盤練習，每天寫好明天的策略，以及做好中長期投資規畫，等機會來的時候，賺錢才有你的份。如果因為行情不好就意興闌珊，那以後肯定都還是追高殺低的命運。

## 培養獨立思考、獨立交易和最後決斷力的能力

而除了持續不斷地看書以外，我認為培養獨立思考和獨立交易的能力，也是學習投資不可或缺的技能。

舉例來說，當某檔股票下跌時，身邊總有朋友擔心的問：「需要停損嗎？」若我說：「這檔股票很穩健。」朋友會反問：「真的安全嗎？」若我發出警訊，說：「這檔股票可能需要減碼或停損。」朋友卻也砍不掉。這是出了什麼問題呢？答案是缺少最後的決斷力，也就是沒有獨立思考跟獨立交易的能力。

當然，朋友會說：「我就是不會才問。」或是說：「我是初學者，想跟你印證我的想法。」這些都沒錯，但是這階段不要維持太久，因為這會妨礙你學習。

一開始我也是會問的（當然以前也沒什麼人可以問），或是在網路收集資訊和新聞，甚至各論壇群組的意見，但是後來我會慢慢發現，任何意見都只是參考，不能作為你決策的依據。一旦你依賴某個資訊買進，而非靠自己的判斷和思考，你就會需要仰賴這個資訊賣出。只要你的資訊來源沒有給你明確賣訊，你就下不了手停損。

你也許還是會擔心，「如果我常常做錯怎麼辦？」所以我才會要求大家把學習跟嘗試階段的資金比重壓到最低，這樣既可以做練習累積經驗值，也可以將投資風險降低。

其實投資就像我常說的：「1,000 個人眼中，有 1,000 個哈姆雷特（註 1）。」每個人的見解和做法都不相同。打個最簡單的比喻，假如某檔股票目前 100 元，你買在 80 元，那可以很悠哉的抱著。但如果你買在 95 元，現在每天可能都要相當警戒。又比如追買在 99 元，那 99 元一跌破，可能就要考慮減碼或停損。

這還只是單就一個不同買進價格的情境做假設，倘若還加上每個人究竟是試單階段、加碼階段，還是買足階段，3 種價格乘上 3 種情境，就會有 9 種可能的情況。

更可怕的是，每個人的風險控管、張數上限、資金水位、交易週期、股齡、專業程度都不同……，這樣推演下來，會有數千種排列

---

註 1：莎士比亞（William Shakespeare）的名劇《哈姆雷特》，劇本傳了幾百年，永遠只有 1 個版本，但是 1,000 個人眼中會有 1,000 種體會，和各自解讀的方式。

組合。

　因此，我極少和朋友談論所謂的買或賣，只能客觀講股票的多空趨勢、漲跌強弱、轉折訊號、位階、型態……。至於交易，就要靠各位的經驗跟智慧了。

　不是故意要打啞謎，是真的有困難，而且這當中的買賣感覺，要自己親身參與，才會學到東西，最後一哩路，得要靠自己尋得和學習，才有機會成功。

# 進場追飆股前
## 1-2 自問是否具備4條件

　　1-1介紹了我的學習經驗談，接著，我想和大家聊一聊，追飆股前，應該具備哪些心態和條件。

　　常常有朋友提問，「某一檔股票能不能買？」我看了線型之後，發現股票從低基期起漲，已經漲了50%，甚至數倍，我就會給這樣的評價：「強勢多頭格局，籌碼穩健，但是位階高，也無目標參考價，操作要小心。」

　　事實上，「飆股可不可以追？」這個問題，倒不如轉換成另一個形式來問：「你具備追飆股的條件嗎？」這樣會來得更好。買飆股，問題不是股價之後會不會漲？也不是能不能買？而是你必須要「懂得賣」。在談論什麼是懂得賣之前（後續第2章、第3章會介紹），先來談談，追飆股需要具備哪些條件？

根據我多年的經驗，如果你想要追飆股的話，必須具備下面 4 個條件：

## 條件1》持股檔數不超過5檔

事實上，台股有近 2,000 家上市櫃公司，天天都有機會買股票，也不要怕錯過，錯過再挑另外一檔就可以了。但投資人往往會擔心錯過，所以才會每一檔轉強股都想買，每一檔都想追，最後手中買了一籃子股票，卻不知道該怎麼處理（註 1）。

我認為，如果是要做價差的投資人，持股檔數千萬不能超過 5 檔，否則根本無法顧及盤中股價靈活的變化，更遑論在盤中能快速地找到買賣訊號。

所以，追飆股的第 1 個條件是「持股檔數不能超過 5 檔」。超過 5 檔，不管什麼股都不應該再買了。如果要買新的一檔個股，必須將手中的 5 檔持股降到 4 檔，才能再新增持股。

---

註 1：我看過最誇張的一個例子是有一位朋友，他將手中持股傳給我，連續好幾張截圖，密密麻麻，當下我還沒反應過來，誤以為是火車時刻表。

## 條件2》懂基礎的風險控管與技術分析

追飆股的第 2 個條件是，必須學會基礎的風險控管和基本的技術分析，否則買進股票後，連多空、強弱、趨勢、位階，以及基本的技術型態和指標都不會看，貿然衝進去追高，而不會看賣出訊號，那是極度危險的。「什麼叫做懂基本的技術分析？」很簡單，假如你會問我這一句話，那就表示你不懂。

## 條件3》懂得設移動式支撐

追飆股的第 3 個條件是，要懂得設移動式支撐。如果你不懂，追飆股這件事情也跟你沒關係。不過大家也不用擔心，本書第 2、3 章就是要教你如何設定移動式支撐。

## 條件4》要有辦法盯盤

追飆股的最後 1 個條件是，想追飆股的投資人，因為成本相對高，所以要能夠盯盤，否則一個短線轉折出現，可能就來不及反應。這裡所說的盯盤，並不是要你全程都看盤，但至少能做到早上 9 點～9 點 30 分，最關鍵的時候盯緊一點，之後的時間，每隔 30 分鐘～

60 分鐘，都要能機動性地看一下當下的盤勢，直到收盤。因為漲多股高檔容易震盪，甚至出現高檔出貨現象，必須能機動性看盤，才來得及對盤中股價變化做出反應，以及持續觀察支撐是否有跌破。

## 善用2方法，解決無法隨時盯盤困擾

有人會問：「假定我是上班族，或是有時間限制，不能天天看盤，或是在盤中時間不能盯盤，那要如何投資股票？」雖然說，看盤不需要分秒必爭地盯盤，但盤中交易期間不能隨時看股價，對於瞬息萬變的股市，不可否認實在是很麻煩的一件事情。我相信，除了專職投資人之外，一般的投資朋友一定都有這樣的困擾。不過這也不是完全無法克服，還是有 2 個方法可以幫助到大家：

### 1.從選股入手

投資人可優先以大且規律的週期性（例如淡旺季週期）、族群性（例如同產業）、長波段以及大型的題材為主，再以消息及短線題材為輔。而且所挑選的股票，股性不宜太活潑，像是日 K 線的上下影線不要太多，股價暴漲暴跌的也要避開，要挑走勢穩健，緩漲緩跌的股票，才來得及因應。位階方面，要挑低基期、剛剛起漲的股票，漲多股、噴出段的股票，也要避開。

例如，多數的生技股都是股性很活潑的，漲跌過程中，會頻繁出現長紅、長黑、長上影線、長下影線，甚至漲停、跌停（詳見圖1）。這代表轉折與買賣點不容易掌握，除非你的技術分析技巧到達一定程度，還有盤中能夠全程看盤，否則一般散戶要投資這類股票，原本就要三思而行。

事實上，這類股性活潑的股票都只能看，而不建議參與交易。因為在操作股性活潑的股票時，所有交易技巧都會失靈，有很高的成分都是在賭運氣的。追買，買不到，買到通常就是最高點；買到，也賣不掉，賣的時候通常就是最低點。漲停就是買不到，也不應該買到，如果哪一天股票漲停，你還買到，那你就要很小心。所以，有些股票是用來看的，不是用來買的。

如果真的想買投機股、小型股，也非全然不行，可以透過資金控管，例如將資金限縮在「即使股票在某一天跌停，你也不會有感覺」的金額，來降低這類股票的持股比例。畢竟，如果因為股票而影響工作心情和真實的人生，實在是有點得不償失。

## 2.盤後、盤前功課要做足

因為盤中無法盯盤，所以盤後功課顯得更加重要，每天晚上睡前

## 圖1 股性活潑的股票，不適合買進

### 例1》股價短時間內暴漲暴跌

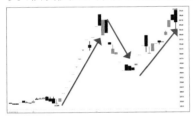

### 例2》日K線的上下影線太多

### 例3》開盤跌停，收盤漲停，中間無量

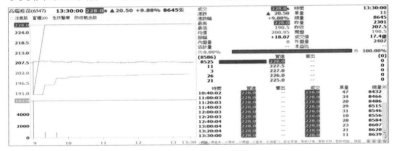

### 例4》頻繁出現跌停和漲停

註：資料統計時間為2019.08.22～2019.11.06（例1）；2020.03.04～2020.05.13（例2）；2021.06.08（例3）；2021.05.10～2021.06.10（例4）
資料來源：XQ全球贏家

一定要用桌機版的看盤軟體檢視一遍手中持股，尤其是觀察公司近期是否有重大利多、利空消息、籌碼面是否有變化，特別是當初持有股票的技術面和籌碼面條件，是否改變。

前一晚做完功課後，在隔天出門上班前或盤前，可再確認美股、歐股、夜盤期貨的情況，就能大約知道開盤情況，以及當天可能會遇到關鍵價位。當然，最好還是能在早上 9 點～ 9 點 30 分這個關鍵時段，適時看一下盤。另外，現在有智慧型手機（手機版軟體只是應急，不能做解盤工具）可搭配，也能追蹤重大時事新聞的變化。

根據我的經驗，若採用以上 2 種方法，或許無法完全克服不能看盤的問題，但是或多或少能改善。

另外，有一點非常重要，那就是，「不能盯盤，絕對不能作為投資不紀律的理由」。畢竟即使是長時間操作股票的我，也不是天天都能盯盤，我也時常有外出行程，或是不能全程看盤的時候，但我還是會依照自己訂下的交易策略，紀律操作。所以，如果投資人因為不能盯盤而錯過第 1 個時間點和價位，記得在發現當下就要趕快修正和彌補，找到下一個買賣點，而不要只是呆呆看著股價漲跌，而沒有任何作為。

# 不必追求選股必勝 交易永遠更重要

(1-3)

談完追飆股前應該具備哪些心態和條件之後,還有一件事,是我希望大家在實際操作前就能夠知道的,那就是「交易的重要性」。

其實在買賣飆股這件事情上,「選股」和「交易」兩件事情都是很重要的(詳見圖1)。但如果真的要2選1,我會斬釘截鐵地告訴你,「交易」最重要。

## 用3W1H了解交易的規則性

一般散戶常常因為缺少交易的系統建立和實務訓練,導致只能依賴選股,認為只要選到一檔會飆漲的股票,就可以解決所有的問題,從此天下太平,投資百戰百勝、無往不利。但真的是如此嗎?

根據我的觀察,選股最多只能幫你規畫出這一檔飆股的輪廓,但

# 圖1 一般人往往把重點放在選股，忽略交易技巧
—— 選股vs.交易比重

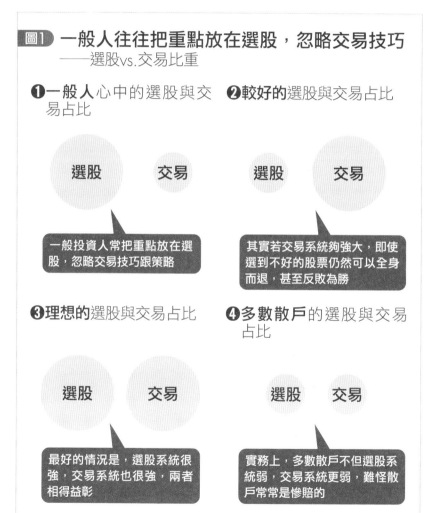

**❶一般人**心中的選股與交易占比

選股　　交易

> 一般投資人常把重點放在選股，忽略交易技巧跟策略

**❷較好的**選股與交易占比

選股　　交易

> 其實若交易系統夠強大，即使選到不好的股票仍然可以全身而退，甚至反敗為勝

**❸理想的**選股與交易占比

選股　　交易

> 最好的情況是，選股系統很強，交易系統也很強，兩者相得益彰

**❹多數散戶的**選股與交易占比

選股　　交易

> 實務上，多數散戶不但選股系統弱，交易系統更弱，難怪散戶常常是慘賠的

無法精準且清楚地告訴你應該要如何交易。

　　這裡所說的「交易」，是有規則性，而不是靠感覺進出。從資產配置、資金調節、持股檔數開始，還要有嚴謹的選股流程，找到精準的買點，算出有效目標價或潛在漲幅，最後透過停利與停損、移動式停利、支撐跌破法，找到最好的賣點。若以「3W1H」來看就是：

What：買什麼股票？
When：什麼時候買？
Where：買點跟賣點？
How：用多少資金？買多少張？

　　我常在分享會上提到交易的重要，並分析選股和交易之間的差異給大家聽，但是曾經遇過一個讓我很驚悚的經驗。分享會時，某位朋友看似非常認真且投入，但是之後私下問我：「交易不就是到券商開戶之後，它會提供一套下單軟體。接著只要把軟體或 App 打開，然後輸入股名、代號、價格、張數……，就完成交易了？你為什麼一直說投資人的關鍵問題是『不會交易』？」

　　這時我才知道，原來我在講台聲嘶力竭說了一大圈，已經搭太空

船要上月球了，下面的朋友卻還停留在石器時代，根本聽不懂我在說什麼，認知落差非常大，所以覺得有必要在這邊仔細説明一下。

其實交易這件事情，應該更完整的說，叫做「交易系統」，而交易系統也絕對不是那位朋友所説的券商開戶以及下單軟體使用。交易系統就是你作為買賣股票的工具，那個工具就是你的交易系統。

比方說，你是看基本面，某公司營收成長 20%，於是買進股票，等到營收或是獲利轉差，再將股票賣出，此時基本面就是你的交易系統。又比如一檔股票，外資連續買進 5 天、融資大減 5 天，籌碼面轉強，於是買進股票，等籌碼轉弱再進行賣出，這時候籌碼面就是你的交易系統。

再比如某位親友在台積電（2330）上班，跟你説下個月產能滿載，你因此得到資訊，決定買進股票。等到你的親友跟你説公司訂單轉差，再行賣出。如此一來，消息面就是你的交易系統。

## 技術面能提供買賣訊號，因此可算是一種交易系統

但其實嚴格來説，產業面、基本面、籌碼面和消息面並不是真正

**表1** **產業、基本、籌碼、消息面為分析系統**
——分析系統vs.交易系統

| 分析系統 | 交易系統 |
|---|---|
| 產業分析 | 技術型態 |
| 基本分析 | 技術指標 |
| 籌碼分析 | |
| 消息分析 | |

的交易系統,只能算是「分析系統」,本質上只是幫助你選股,但是不能客觀的告訴你買賣點,只有技術面才是「交易系統」,可以精準地告訴你買賣的訊號(詳見表1)。

如果沒有完整的交易系統,漲幅不多的股票,很容易買進之後股價又回跌,抱上抱下一場空。又或者買進之後,股價有 50% 以上的漲幅,不僅不知道該獲利了結,還在高檔加碼,變成頭重腳輕,只要股價小幅回檔,賺錢又全數變成套牢。更何況很多時候,一開始根本不知道該檔股票的潛在漲幅會有多少。

以美德醫療 -DR(9103)為例,股價從盤整區的 3 元起漲,最高上漲到 2020 年 9 月的 78 元,漲幅超過 25 倍,這絕對是人人口中的飆股(詳見圖 2)。只是選對飆股,就一定能確保獲利嗎?當

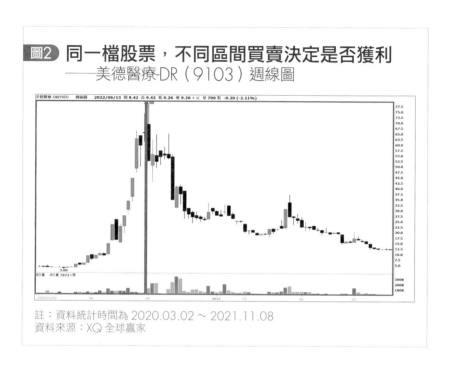

**圖2 同一檔股票，不同區間買賣決定是否獲利**
——美德醫療-DR（9103）週線圖

註：資料統計時間為 2020.03.02 ～ 2021.11.08
資料來源：XQ 全球贏家

然不是。倘若你買在圖 2 的紅色區間，自然怎麼買怎麼賺，但是如果買在圖 2 的藍色區間，就會慘賠。看到這邊應該很清楚，究竟是選股比較重要，還是交易比較重要？我想不辯自明。

當然一定會有人懷疑，「真的會有人這麼笨，買在圖 2 的藍色區間嗎？」當然有。倘若多空不分、指標不會看、最基本的籌碼也

不懂，只是聽消息，甚至盲目攤平，是很容易發生這樣的慘劇。就曾經有人和我分享，他有一個朋友買進美德醫療 -DR，結果虧損達 80% 的故事。

更何況，選股勝率倘若能有 85%，已經能躋身高手之列，但是仍然會有 15% 的機率，會挑選到下跌的個股。那看錯的時候怎麼辦呢？有沒有對應的停損或是停利策略呢？

如果沒有完整的交易系統去應對，常常都只會以慘賠收場。因此，「交易系統」事實上比「選股系統」更為重要，只要交易系統夠強大，任何股票都能做價差。因為交易是最後的關鍵，即使有 15% 機率挑到不好的個股，正確的交易系統，也可以幫助你降低虧損。

而交易這件事情，由於每個人的購入成本、風險控管、張數上限、資金水位、交易週期、股齡、專業程度都不同⋯⋯。這樣推演下來，會有數千種排列組合。

也因為每個人對於每一檔個股的買賣點位跟策略都不同，所以我的聖杯，說不定反而變成你的墓碑。我的補藥，對你則變成毒藥。即使我告訴你，某一檔股票我當下的買點或賣點，也不見得適合你。

適合你的買賣點，會因為上述各種變因，產生與我交易時不同的變化跟組合。所以交易不能由旁人代勞，必須自己慢慢地建立。

其實股市投資的專業程度，是一翻兩瞪眼的事情。任何人跟你說的方法和觀念，你只要願意長期追蹤和回測驗證，真假優劣立判。真正有能力的投資人，必須有辦法每天說出大盤／個股走勢和操作規畫、股價轉折，而不是分析一堆，卻提不出具體的操作策略和結論，這樣就沒有什麼意義。

## 股市永遠是贏在修正，而非贏在預測

我自己在學習股票時，曾向 18 位老師拜過師學藝，當中有好、有壞、有強、有弱。但有兩種老師是我自己最不喜歡的，一種是說空話，一種是說瞎話。

說空話就是滔滔不絕的分析，從總經、個經、產業、類股、基本面……，看似很有學問說了一長串，卻不敢提出精確觀點，更無法提出具體結論和交易策略。這樣的老師和投資人不在少數，我稱之為「學者型投資人」，這也就是很多投資人，每天浸淫在財經雜誌或是書籍中，最後仍然投資失利的主因。

　　而說瞎話就是準確度不夠高，常常說但也常常錯，而且不願意修正。投資觀點是判斷未來，而未來充滿變數，不可能每次都準。最重要的是，看錯的那幾次，能否勇於修正，而不是死多頭或死空頭，只會拗單死抱。這兩種投資人，最後在股市的下場都是死。因為股市永遠是贏在修正，而不是贏在預測。看對賺錢沒有什麼好說的，但是看錯時，能不能勇於停損，做出亡羊補牢的補救措施，才是更為重要的。

　　所以投資最大的關鍵，就是「停損機制」，也就是偶爾看錯的時候，你該怎麼辦？有沒有完整的停損機制？這也就是史上最偉大的操盤手——傑西・李佛摩（Jesse Livermore）說的：「善敗。」

　　「善敗」這個詞比較拗口，白話來說就是「要輸得漂亮」，把風險控管在合理區間。假如你選股勝率很弱，只有 5 成——10 檔股票中，5 檔後來漲，5 檔後來跌；一賺一賠，應該是打平才對，怎麼會大賠？一定是當中有一檔股票虧損沒有控制好，導致從小賠變成大賠，大賠變成慘賠，才會出現許多人說的，「一檔股票，吃掉之前多檔努力累積的獲利。」

　　其實選股的勝率，我覺得至少要有 7 成以上，這樣你的選股系統

才成熟完備。高手可以做到 8 成，甚至 9 成，但絕對沒有百分之百的選股勝率系統，有的話那就是騙人的。

你只要去想，股神巴菲特（Warren Buffett）、李佛摩，有沒有挑錯股票的時候？絕對有。既然如此。我們一介凡人，何苦執著「必勝」呢？只要「常勝」就很好了。而要想把風險控管在合理區間，關鍵就是看錯的那幾次，有沒有做好確實的停損。

# 基礎篇
## 掌握飆股操作法

# ② 從3面向判斷飆股特質
# 不錯失獲利良機

前面第 1 章介紹了追飆股前該有的相關知識，接著，就要進入本書的重頭戲，也就是帶大家來認識飆股，並告訴大家可以如何抓住飆股。

常聽到人說，「有朋友買了一檔飆股，賺了 XX%。」究竟什麼是飆股呢？飆股是指在短時間內股價飆漲的股票，我們可以從基本面與產業面、籌碼面和技術面等不同面向來判斷，飆股具有哪些特質：

## 基本面與產業面》股票具4元素，吸引資金流入

要能成為飆股，可能有基本面推升和加持，股價穩健上漲，最後出現可觀漲幅。但有時也可能出現股票沒有基本面支撐，股價卻一路瘋漲的情況。

　　基本面扎實的股票，通常是走長多頭，股價穩健地緩漲，這也是較正規的情況。而基本面扎實的股票想成為飆股，不外乎 4 大元素：新客戶、新市場、新產品、新應用，由這幾個元素的排列組合產生各種題材，例如主流產業、市場熱門股、政策受惠股、市場獨占股、利基型產品……，吸引投資人目光，市場資金流入，帶動股價推升。

　　例如航運股萬海（2615），原先成交量低，股價經過長期盤整，基本面需求上升，營收和獲利也確實穩健上升，股價穩健推升，上漲時間長達 3 季以上，股價從 2020 年 6 月的 16 多元，推升至 2021 年 7 月的 353 元，漲幅高達 21 倍（詳見圖 1）。

　　而沒有基本面的投機型飆股，多為原先的冷門股、量少股，股價上漲時會伴隨各種利多消息和媒體新聞，例如企業轉機股、由虧轉盈、本夢比，或是一次性收益……，常常會吹噓和強調未來的願景和夢想，但不見得真的會實現。

　　例如遊戲股辣椒（4946），原先成交量低，股價長期盤整。之後 2021 年年底，媒體宣稱辣椒是「元宇宙概念股」，不到 30 個交易日，股價從 30 元上下，瘋狂飆漲至 94.3 元（2022 年 1 月 10 日最高價，詳見圖 2），但實質上，該公司不見得有相應的基本面

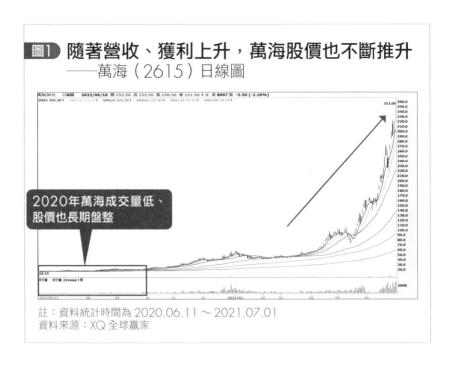

**圖1** 隨著營收、獲利上升，萬海股價也不斷推升
——萬海（2615）日線圖

2020年萬海成交量低、股價也長期盤整

註：資料統計時間為 2020.06.11 ～ 2021.07.01
資料來源：XQ 全球贏家

支撐，之後股價回跌進入修正。

　　當然，若上述 2 條件都能夠具備，即公司不只具備實質基本面（現有的營收、獲利、財報數據確實不錯），且對未來展望具有期待性，也就是俗稱的「做夢行情」，股價上漲力道會更大。這種複合式長波段的走勢，容易先急漲一波，先出現做夢行情，待股價創新高之

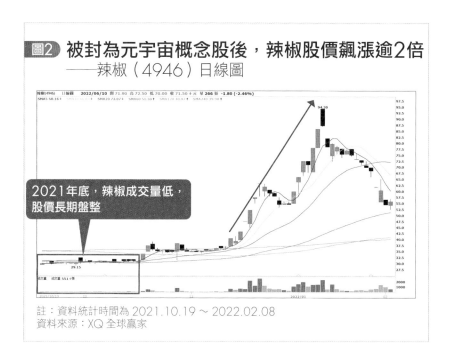

**圖2** 被封為元宇宙概念股後，辣椒股價飆漲逾2倍
——辣椒（4946）日線圖

2021年底，辣椒成交量低，股價長期盤整

註：資料統計時間為 2021.10.19 ～ 2022.02.08
資料來源：XQ 全球贏家

後會有一定幅度的拉回，然後再走基本面行情。但第 2 波漲勢不見得會比第 1 波強，或是創新高，有時候只是反彈格局。

通常大型股漲勢會比較穩健，中小型股，尤其知名度不高的，會相對投機，上漲的速度和力道都會比較強。不過這只是概念，不是百分之百絕對。

# 籌碼面》連續買賣盤為關鍵，且要對照價格漲跌

事實上，籌碼分析要認真討論起來，相較於技術分析，其實是一樣大的宇宙，涵蓋範圍廣泛，而且也分短、中、長期籌碼，要完整將籌碼講述完畢，單獨寫一本書也不為過。但是籌碼在我的選股和交易系統中，功能和重要性占比約 20%，所以只需挑選重要，且具代表性的工具運用即可。

籌碼面的基礎理論和名詞解釋在《專買黑馬股　出手就賺 30%》第 168 ～ 185 頁有完整說明，大家可以參考對照，我這邊僅簡單複習重點，著重實務運用和案例教學。基本上，我常使用的籌碼工具有下面幾個：三大法人、融資融券、買賣家數和主力指標，分述如下：

## 工具1》三大法人

三大法人（包含外資、投信和自營商）能同步買進是比較好的，但實際上，只要外資或投信其中一個有買即可，而股價也能順勢推升，基本上也就具備表徵意義。而自營商因為有種種特殊需求，交易週期短（大約以 3 ～ 5 天為單位），幾乎不容易出現連續性，所以買賣意義不大，通常可以忽略。

另外，雖然我們將外資、投信和自營商統稱為「法人」，但法人不是一個人，而是有很多家，所以當各家看法不同時，會出現互相角力拉鋸，忽買忽賣的情況，這是正常現象。因此，在觀察籌碼時，可以看三大法人累計的現象，也就是觀察看盤軟體中的「法人持股」即可。

## 工具2》融資融券

融資融券代表散戶的多空看法：一般來説，「融資增加、融券減少」代表散戶看多；「融資減少、融券增加」代表散戶看空。而且融資融券跟法人持股一樣，都要看連續性表現，而不只是 1 天的買賣和增減。

若將融資和融券相比，則融資意義較大，且融券變化比較複雜，因此如果融資出現變化，但融券未能出現對應的表現時，不用太在意。尤其在主升段，甚至會發生「融資增加、融券也增加」的情況，所以有時甚至會忽略不看融券。還有，融資增加也不見得不好，在末升段融資常常會跟著增加。

大家一定聽過，「市場通常跟散戶想法是顛倒的。」那只要觀察當天融資融券的走勢，不就能掌握股價漲跌了嗎？其實這句話不盡

然正確。

事實上，散戶在趨勢行進時，觀點通常會跟走勢一致，只是在相對低檔跟相對高檔的關鍵點位，會因為過度樂觀跟過度悲觀，而無法掌握趨勢的轉折，產生誤判。

但說到底，融資融券或是散戶集體觀點只是籌碼工具之一，也就是一部分的參考，關鍵還是股價漲跌的結果。簡言之，散戶不一定每次都是反指標。

## 工具3》買賣家數

買賣家數指標代表籌碼的集中跟分散。通常看盤軟體的技術分析顏色顯示，以一般潛規則和默契來說，紅色是偏多方，綠色是偏空方，但是買賣家數和一般用法不同，綠色柱狀體愈多，代表籌碼愈集中；紅色柱狀體愈多，代表籌碼愈分散。

但要留意的是，倘若你看盤軟體中的指標寫著「買賣家數差」，就是在買賣家數指標前加一負號，用法就會完全顛倒。此時綠色柱狀體愈多，代表籌碼愈分散；紅色柱狀體愈多，代表籌碼愈集中。由於每一家軟體版本的設計和使用介面會有所不同，所以使用時務

必確認清楚，你選的究竟是「買賣家數」還是「買賣家數差」。

## 工具4》主力指標

　　主力指標（註1）是前15大券商的買賣張數加總累計，正數代表主要持有者看多，負數代表主要持有者看空。不過，雖然這個指標名為「主力」，但不是一般傳統上慣稱的「控盤者」那種主力作手。真正的主力作手會藏得很好，常常會讓你看不出來，這個主力指標，只是判斷市場上大量交易者的意圖而已。

　　籌碼分析與技術分析一樣，不只是鑽研單一籌碼工具的使用，每個籌碼工具有其表徵意義，以及重疊性和互補性，所以實戰運用時，更著重的是多個籌碼工具的對照和交互驗證，所得到的結果。以下用中鋼（2002）和億光（2393）的綜合籌碼表現做示範教學：

## 案例1》中鋼

　　若以鋼鐵股中鋼為例，從圖3可以看出，紅框❶部分，法人買進、融資增加、買賣家數綠色柱狀體多，籌碼集中、主力指標持續轉強，

----

註1：主力指標在各個看盤軟體上面會有不同名稱，像是「主力持股」或「主力進出」等，大家在運用時可以多加留意。

----

**圖3 中鋼4大籌碼轉強時，股價也隨之上升**
——中鋼（2002）日線圖

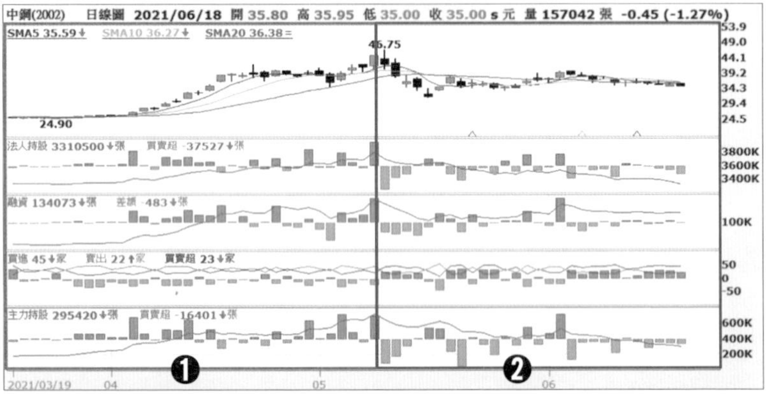

❶法人買進、融資增加、買賣家數綠色柱狀體多，籌碼集中、主力指標持續轉強，籌碼轉強；❷法人賣出、融資持平、買賣家數紅色柱狀體多，籌碼分散、主力指標持續轉弱，籌碼轉弱

註：資料統計時間為 2021.03.19 ～ 2021.06.18
資料來源：XQ 全球贏家

籌碼轉強。藍框❷部分，法人賣出、融資持平、買賣家數紅色柱狀體多，籌碼分散、主力指標持續轉弱，籌碼轉弱。

## 案例2》億光

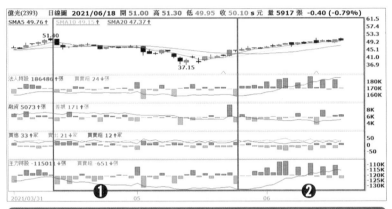

**圖4 億光籌碼轉弱時，股價下跌**
——億光（2393）日線圖

❶法人賣出、融資賣出、買賣家數紅色柱狀體偏多，籌碼分散、主力指標持續轉弱，籌碼轉弱；❷法人買進、融資增幅小、買賣家數綠色柱狀體多，籌碼集中、主力指標持續轉強，籌碼轉強

註：資料統計時間為 2021.03.31 ～ 2021.06.18
資料來源：XQ 全球贏家

　　若以台灣 LED 大廠億光為例，從圖 4 可以看出，藍框❶部分，法人賣出、融資賣出、買賣家數紅色柱狀體偏多，籌碼分散、主力指標持續轉弱，籌碼轉弱。紅框❷部分，法人買進、融資增幅小、買賣家數綠色柱狀體多，籌碼集中、主力指標持續轉強，籌碼轉強。

實務來說，當飆股出現時，以上 4 種籌碼工具不見得都會同步，有時會有異常現象，這個就要從實戰中累積，經驗值才會提升。此外，評估所有籌碼工具時，不要只看一天的買賣超，更關鍵的是連續買賣盤。除非籌碼單日波動較大時，股價也同步出現轉折，否則單一天的籌碼強弱意義不大。所以看籌碼不能只看一天，一定要看連續性，而且要對照價格漲跌才有意義。

根據我的經驗，飆股通常有很重的主力色彩，可細分為「大型股」與「中小型股」做討論。主力拉抬一檔大型、穩健的飆股，大約需要 3 ～ 6 個月準備期，它們會在這段時間逢低分批布局。大型股的籌碼比較容易判斷，在低基期或打底階段，往往就可以觀察到「籌碼轉強」現象，像是法人持股增加、融資增、融券減、買賣家數綠色柱狀體多、主力指標轉強⋯⋯。

中小型、投機型的飆股，準備期會短一點，可能只有 1 個月之內。但是中小型股的飆股因為在低檔區介入的人通常不多，再者吃貨階段會很保守，所以傳統的籌碼面，有時候幾乎看不出來，只能從技術面去切入，至少要出現技術面起漲第 1 根，才看得出來它可能會是飆股。所以最好的挑選管道，可以從「每日大量股、當日強勢股、漲停股」去篩選，尋找當中「低基期，而且有起漲訊號」的個股。

　　飆股在股價飆漲的過程中，不論大型股或是中小型股，籌碼有可能持續轉強，也可能不會，甚至也可能只有融資會增加，甚至有時候法人反而是賣，因為法人知道該檔股票可能有問題，股價容易暴漲暴跌，即使買進也不容易出貨，所以往往不想蹚渾水。

　　因此，在股價續漲過程中，籌碼面能同步轉強當然是好事，但有些時候因為控盤者會刻意隱藏，籌碼參考意義較低，此時反而是回到價量關係（籌碼可以隱藏，但成交量不會騙人）和技術面操作，更為單純可靠。

## 盲點》不要過度臆測主力思維，嚴守交易策略更重要

　　曾有讀者問：「某檔股票近幾個交易日，時常開高走低趨勢偏弱，是主力洗盤的手法嗎？」但當我觀察該股票的線圖時，發現股價只是走得溫吞一點而已，連 5 日線都沒跌破，短線多方沒有改變。所以一般投資人習慣只看一天漲跌，加上常常受到新聞媒體資訊干擾，胡亂吸收，導致人云亦云。

　　「洗盤」，又稱為「壓低吃貨」，是指控盤者持股張數還未達到目標數量，卻刻意賣出股票導致股價下跌。此時散戶不明所以，往往會恐慌性賣出，導致股價持續大幅下跌。等股價低於原先成本，

控盤者藉機回補持股，不只讓股票張數增加，同時也降低持有成本。

但是一檔股票隨時都會發生這樣的事情嗎？並沒有。一般投資人把主力想得太閒了，其實洗盤是需要承擔風險的，不是想洗就洗，甚至可能導致賣出後買不回來的窘境。也就是說，洗盤其實是有一定位階、技巧、手法的，不要每次股價一跌，就懷疑是控盤者洗盤。

當然，有時候確實會有造勢者或者主力作手刻意壓低吃貨，但那只會出現在關鍵的位階或是時間點。試想一下，假如你是真正的大戶，一檔股持有幾千張，甚至幾萬張，會天天沒事做，時常賣來賣去嗎？事實上根本不需要，只要布局好股票，透過媒體釋放利多或利空消息，接著再順勢操作和持有即可。之後等到適當的價位跟時間，再趁利多拉高出貨。

投資人不要過度臆測和幻想主力的思維，更重要的是看懂主力的行為，也就是籌碼。但是市場中有很多人：法人、法人外圍、主力作手、主力作手外圍、公司派、公司派外圍、市場派、散戶、媒體……，還有莫名其妙跟單的投資人。因此，當你無法從正規的資訊得到籌碼的動向，或是籌碼跟股價不連動，那就不要管籌碼，回歸到技術面操作就好。

股票價格的產生和漲跌是市場買方與賣方力量的成果展現，是市場上眾人集體的交易行為，投資人不要天天有陰謀論思維。最重要的是，盤中不要胡亂猜主力的意圖或是它們在想什麼，因為你不是控盤者，無邊無際的猜想，是永遠不會有解答的。更重要的是，即使你知道答案，也不會幫助你買賣。

擬定好明確的交易策略，守好自己的支撐和壓力，訊號出現該買就買、該賣就賣，這才是一個成熟投資人該關注的事情。

## 技術面》上漲過程中易出現長紅、漲停和跳空缺口

飆股指的是短時間上漲幅度大的股票，上漲速度極快，1 個月內漲幅超過 30%，2 個月內漲幅超過 50%，甚至數倍。表現在 K 線圖上，最初通常會是長期整理，出現長達半年以上的一字底，或是狹幅的多重底（15% ～ 30% 區間整理）。這樣才具備基期低、籌碼乾淨的特質。

而飆股在股價上漲過程，容易出現中長紅、漲停和跳空缺口，上漲的陡度高，在 45 度～ 90 度之間，通常會有「打底階段」以及「初升段」，甚至「主升段」，最後才出現「噴漲的末升段（或稱「噴

出段」，詳見圖 5，註 2）」。

主力拉抬一檔股票，通常不會只有幾天就結束，這種當然也有，但是極少，操作風險和難度高，反而建議避開。一般來說，主力拉抬股票，短則 1 週～ 2 週，但也有可能長達半年。時間愈長，上漲幅度愈大，甚至可能是底部價格的 2、3 倍漲幅，只是這樣的股票，當最後主力棄守時，股票崩跌速度也是相當可怕。

大型股或上漲時間週期較長（可能半年甚至更長，通常會在高檔震盪）的飆股，多半會累計多天的低量，醞釀長天期頭部，之後再下跌。但中小型股和投機股，往往容易一日反轉，接著短時間帶大量跌破 20 日線，而且下跌出量。

另外，飆股從技術面來看，還有一個簡單的判斷方式，那就是「該股票過去有沒有成為過飆股？」倘若該檔股票過去曾經是飆股，表示股性以及成為飆股的相關條件都曾經具備，日後再次成為飆股的機率就會相對高。

---

註 2：完整標準的走勢是盤整打底、初升段、主升段、末升段、噴出段，但有時候末升段和噴出段會混合出現，有時候則是只有末升段，沒有噴出段。

---

**圖5** 飆股上漲過程，通常會經歷4階段
—— 三福化（4755）日線圖

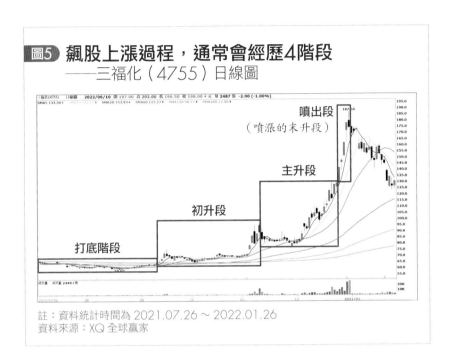

註：資料統計時間為 2021.07.26 ～ 2022.01.26
資料來源：XQ 全球贏家

# 飆股不易找，投資人應平常心看待

　　以上只是從基本面與產業面、籌碼面、技術面針對飆股的一些簡
單概述，投資人可以先建立初步觀念即可，之後我會在不同段落和
應用時，搭配細節和深入的說明。不過，這邊我也想提醒大家一下，
雖然本書為了教學和敘述的便利性，以「飆股」為名稱，但是不希

望投資人對飆股有過度的期待。會漲的股票容易找，但是股價能上漲 50%、100%，甚至數倍的飆股不容易找。實務上，即使股票符合列示的所有條件，也不見得表現能盡如人意。飆股的形成，需要天時、地利、人和，甚至需要一點運氣。

其實大家都會有想追飆股或強勢股的迷思，但要知道飆股不是天天出現，是可遇不可求的，所以對於飆股或強勢股，要以平常心看待。如果你太執著於它一定是飆股或強勢股，萬一走勢不如預期，你會割捨不了這檔股票。

在《專買黑馬股　出手就賺 30%》一書中曾經提到，底型反轉的操作，倘若能依照漏斗式選股法，假如不設定一定要漲到目標價，只求股價上漲，上漲機率甚至可以到 9 成以上。按部就班選到的股票，如果能搭配外在環境，日後股價能上漲的股票，可達到目標價的成功機率有 8 成以上。

但是依照「飆股操作法」列出的所有條件，能找到股價上漲的股票，機率有 8 成以上，但要找到漲幅 50% 以上的股票，成功機率可能只有 7 成。加上飆股操作潛在獲利空間較大，但操作難度以及風險也相對高，這也是上一本書《專買黑馬股　出手就賺 30%》之

所以不以「飆股操作法」為優先操作策略的原因。

還有，即使真正找到強勢股或飆股，若技術分析功力不夠，也不會操作，等於白搭。新手投資人和周邊的親朋好友，常常喜歡問我哪檔股票可以買，甚至有更熟的朋友，會直接說：「有沒有明牌阿？」當他們有這樣的提問時，我常常都只是尷尬地一笑帶過。因為我清楚知道，就算真的有所謂的「明牌」給他們，其實也是沒用的。

事實上，如果仔細估算，每個人每天從早上睜開眼睛開始，吃早餐看到的雜誌報紙、上班途中滑到的臉書（Facebook）和 LINE、聽到的廣播、盤前的口耳相傳……，加總起來會有多少標的？保守統計，恐怕不會少於 30 檔。也就是說，散戶缺的，根本就不是明牌和標的。那究竟散戶所欠缺的，是什麼東西呢？

我常常問朋友：「你覺得什麼是明牌？」
朋友說：「就是那種很會漲的股票阿！」
但我反問他：「你知道漲到哪邊的時候要賣嗎？」
朋友搖搖頭，半開玩笑地說：「等你跟我說就可以了。」

其實這段對話點出了一個很可怕的事實，也就是一般散戶投資

人沒有學習交易技巧和工具，也沒有完整的投資策略跟心法的養成過程。不會 K 線，不會價量關係，不會均線，不會 KD，不會MACD，不知道趨勢位階型態……，猶如一個在馬路上開車的人，竟然不會看紅綠燈、斑馬線、限速標誌、單行道等交通號誌，試想這是多麼可怕的事情！

　　要知道，即使你能買車（把錢存入證券戶）、拿到鑰匙（可以下單），也不等於你會開車和安全上路（不等於會投資和交易）。但一般散戶長此以往，都在做這樣的事情，只要會開戶和下單，就覺得自己會投資，因此會以為有明牌，就可以解決投資的問題。

　　其實，每一檔股票都會漲會跌，有高點有低點，投資人要做的，就是把握這一漲一跌之間，價差產生的利潤。所以，只要懂得交易技巧和方法，有完整的系統跟策略，每一檔股票都會是明牌；反過來說，假如你不懂交易技巧和工具，給你再多明牌也是枉然。

　　所以成熟的投資人，不是要汲汲營營地追求明牌，而是應該下定決心，深入研讀跟學習扎實的交易技巧和方法。就像周星馳在電影《食神》裡說的：「只要有心，人人都是食神。」只要會交易，其實檔檔都是明牌，都可以從漲跌之間賺取利潤。

# （2-2） 打底階段》分批布局
# 待訊號明確後再加碼

　　了解什麼是飆股之後，接著，我會教大家要怎麼做，才能找到飆股，以及找到飆股後，應該要如何操作。

　　基本上，飆股從起漲前，一直到起漲之後，可以區分為許多階段，像是盤整打底、初升段、主升段、末升段、噴出段等，而各個階段都有相對應的操作方式。下面我們先來看，要怎麼做才能在股價起漲前找到飆股。

　　實務上，在沒有任何發動現象和訊號時，要能夠在事先知道某檔股票可能形成飆股，是有相當難度的，因為在打底階段，股價通常不會有訊號，故而這階段在本質上，很像是在摸底。但是有經驗的投資人，其實可以透過基本面、消息面、籌碼面、技術面和價量關係來找到未來有可能成為飆股的股票。

# 挑選標的》從4面向挖掘尚未起漲股票

## 1.基本面

基本面的觀察，是出現利空不跌，透過本益比、淨值比、殖利率，估算相對便宜或是超級便宜價位，在相對低檔時，就分批買進。

那有沒有可能是透過基本面找到飆股呢？實務上，基本面最快的財務數據是月營收。假定營收最後公布是成長 30%，那麼股價會等到營收公布日才反映嗎？通常不會的，股價會領先上漲，甚至營收公布日，反而變成短線利多出盡。只是這種方式其實不叫做基本面，那是下一段要說的消息面，但是大家都把消息面與基本面混淆了。

很多投資人會以為，每天研究的上市櫃財報、資料及產業資訊，叫「基本面」，但其實那都只是落後的新聞資訊，因為真正的基本面，應該是公司內部人才知道的。除非是公司真正的內部人，例如董事長、財務主管、總經理等，才能有效地知道領先市場的基本面。那既然你不身在該公司，又哪來的基本面可言呢？

因此，大家往往把「消息面」跟「基本面」兩件事情混淆，一般人所謂的「基本面」，其實是「消息面」。只是這消息的真偽、還

有最後能否達成，以及市場對這個消息是如何解讀，那又是另一個問題了。

## 2.消息面

消息的取得可分為 3 種，有「先知先覺」、「後知後覺」和「不知不覺」。何謂消息面？就是當全市場的人都不知道之前，而你比大家早知道。

例如「偶爾」會有機會得到由內部人傳出，直接或間接的資訊，當時股價尚未有任何表現，但是你已經領先市場知道，於是提前進場布局，也就是所謂的「先知先覺」。

至於「後知後覺」和「不知不覺」，由於這兩種消息取得方式都無法讓投資人在事前逮住飆股，所以這裡就不做討論。

## 3.籌碼面

透過籌碼面的變動，作為該檔個股日後是否會成為飆股的篩選條件，是比較客觀的方式。例如在股價盤整時，發現已經有法人或是特定券商進場，因此在盤整結構就進場。或者當股價還沒起漲之前，透過對籌碼的觀察和計算，得知籌碼集中和轉強，判斷後面有利多，

所以提早布局，這也是另一種方式。

## 4.技術指標和價量關係

若以技術面來找尚未起漲的飆股，由於沒有型態滿足的買進訊號，因此投資人只能靠均線、K線型態來判斷短期買點。買進訊號大致上可以分成 3 類：

1. **積極首次買進訊號**：股價站上 5 日均線（簡稱 5 日線），且 5 日線上揚。5 日線是技術指標中相對快速的訊號，是最短線的買進點位，買進股票的成本最低。不過要注意的是，5 日線相對來說是風險較高的買進點。因為飆股動得快，如果要等到訊號更明確的時候才進場，價格可能已經走了一大段。因此，買得快，停利或停損的動作也要快。

2. **保守買進訊號**：股價突破盤整區，而且均線糾結後上揚。股價突破盤整區時，K線最好是中長紅，同時成交量增加。如果是以跳空長紅的方式突破盤整區，則是更強烈的買進訊號。

3. **加碼訊號**：股價整理後再度突破盤整區。飆股很少一路上漲不休息，往往漲一段後會盤整幾天。當標的休息幾天後，看到股價向

上突破盤整區，當天會是不錯的加碼點。

前述這種在還沒有起漲訊號就進場的行為，屬於提早布局，可以稱為「試單」，用口語一點的說法其實叫做「偷跑」。什麼叫試單？試單就是你先下少量的單來驗證自己的看法是不是正確的——如果是正確的，就繼續加碼；如果是錯誤的，就立刻停損。

舉例來說，假設 1 檔股票你能買的張數上限是 10 張，買進時，若當下相當有把握，就可以買 10 張，稱之為一次「買足」。可有時候感覺有買訊，但又不是很有把握，或是當下大環境有風險，卻又看到很喜歡的標的，此時投資人可以選擇先買 1 ～ 3 張，稱之為「試單」。

技術面的投資人，買股票通常是將之分成 2 批或 3 批。2 批的買法是先試單，然後就是買足，配置上可以「試單 1 張＋買足 9 張」，也可以「試單 3 張＋買足 7 張」。若 3 批的組合可以「試單 3 張＋試單 3 張＋買足 4 張」、「試單 1 張＋試單 4 張＋買足 5 張」……，各種排列組合。

為什麼要試單呢？這是因為飆股漲得快也跌得快，只要有一次判

斷失誤，而投資人又不能善設停損時，往往會比一般股票造成的虧損更為猛烈，因此可先用試單的方式進場試試水溫。萬一看錯，停損時承受的虧損和風險較小。反過來，如果看對，也可以降低第 2 波追買時的風險，是一種很常見的分批投入方式。

但是切記，試單時不要零散地買進，也就是不要 1 張、1 張，分拆到 4 ～ 5 批以上買進。因為真正精確的買點不會太多，會分拆成散單，那表示你掌握轉折點的工夫還沒到。投資人要知道，買賣股票不是只有買和賣兩種，策略可以有很多，你可以試單、加碼、買足、減碼、停利、停損……。有張數調節才有策略，否則永遠都是 1 張進 1 張出，很容易失去彈性和變化。

以上，就是 4 種在股價起漲前抓住飆股的方式。其中，基本面只有公司內部人才有辦法知曉，非一般投資人可以接觸到的領域。而不論是透過消息面或籌碼面尋找飆股，若投資人能在飆股成形前就已經知道，屬於最幸運的類型。

至於技術面的價量關係及技術指標的低檔背離，有時也可以掌握抄底的機會。但這種做法只是掌握相對低點，幫助你買得便宜，並不代表之後股價一定會漲，股價有可能長期打底，或是出現小反彈

後再度破底的風險。

　　因此，在這裡我要提醒大家，無論你最後是採用上述哪一種方法布局，要記住，你只是比市場早一步知道，但千萬不要以為這是萬靈丹！

## 停利策略》依照2種上漲速度，決定出場方式

　　介紹完理論之後，下面來看實際操作方法。根據經驗，如果要在飆股起漲前進行操作，尤其著重於消息面。

　　例如股價在盤整階段，此時其實沒有技術面的買訊，但如果你對消息來源非常有信心，就可以在股價盤整區間（詳見圖1、2紅框a）分批布局 3 張，之後等技術面正式發動（詳見圖 1、2-b），再做一次性的加碼 7 張，買足 10 張（註1）。

---

註1：本書為方便舉例以及套用百分比的概念，統一假設一檔股票可投入的張數，最高上限為 10 張。但實務上並非真的 10 張，有可能 3 張、5 張、30 張、50 張，甚至 100 張、500 張，大家可依自身能力做調整。假定我說 3 張，上限 10 張，其實等同於買進 30% 的張數，假定你有能力買進 500 張，按比率 30%，等於 150 張。

---

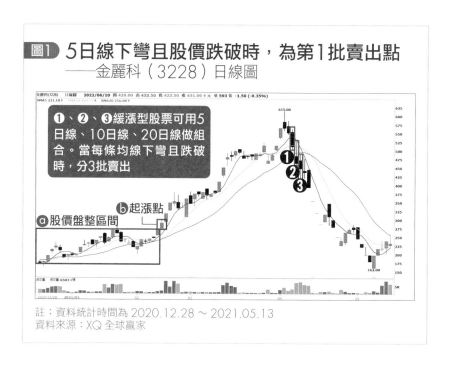

**圖1** **5日線下彎且股價跌破時，為第1批賣出點**
——金麗科（3228）日線圖

> ❶、❷、❸緩漲型股票可用5日線、10日線、20日線做組合。當每條均線下彎且跌破時，分3批賣出

ⓑ起漲點

ⓐ股價盤整區間

註：資料統計時間為 2020.12.28 ～ 2021.05.13
資料來源：XQ 全球贏家

之後，可依股價上漲的速度將股票分為「緩漲型」和「急漲型」2種，不同類型的股票有不同的出場方式，分述如下：

## 1.緩漲型

假如是「緩漲型」的股票，可以用 5 日線、10 日線、20 日線做組合。當每一條均線下彎且跌破時，分 3 批賣出。

以特定應用積體電路（ASIC）廠金麗科（3228）為例，假設我們在 2021 年年初股價盤整時，用 242 元買進 3 張。之後，於股價起漲後，用 297 元買進 7 張，一次買足。買進的平均成本約為每張 275.6 元（＝（242 元 ×3 張＋ 297 元 ×7 張）÷10 張）。

接著，我們從圖 1 可以看出，金麗科的起漲約莫在 275 元（2021.02.18）附近，股價最高上漲到 615 元（2021.04.06 最高價），也就是上漲了 124%，但花費了 31 個交易日，大約 1 個半月的時間，屬於「緩漲」，因此採取 3 批賣出的策略：

**停利點 1》**2021 年 4 月 8 日，股價跌破 5 日線，且 5 日線下彎，因此在 512 元時，賣出 3 張（詳見圖 1-❶）。

**停利點 2》**2021 年 4 月 9 日，股價跌破 10 日線，且 10 日線下彎，因此在 463.5 元時，賣出 3 張（詳見圖 1-❷）。

**停利點 3》**2021 年 4 月 12 日，股價跌破 20 日線，且 20 日線下彎，因此在 448 元時，賣出最後剩餘的 4 張（詳見圖 1-❸）。

採分批賣出的平均價位是每張 471.9 元（＝（512 元 ×3 張＋

463.5 元 ×3 張＋ 448 元 ×4 張）÷10 張）。將賣出平均價位 471.9 元除以買進平均成本 275.6 元後減 1，可算出獲利 71%。

## 2.急漲型

假如是「急漲型」的股票，可以用 5 日線、10 日線做組合，當每一條均線下彎且跌破時，分 2 批賣出。由於股票急漲就會急跌，因此賣出的速度，要更為迅速。故而「緩漲型」股票可以分 3 批賣出，但是「急漲型」股票只能分 2 批賣出。

以遊戲股地心引力（3629）為例，假設我們在 2019 年年中股價盤整時，用 26.5 元買進 3 張。之後，於股價起漲後，用 29.75 元買進 7 張。買進的平均成本約為每張 28.78 元（＝（26.5 元 ×3 張＋ 29.75 元 ×7 張）÷10 張）。

接著，我們從圖 2 可以看出，地心引力的起漲點為 29.75 元附近（2019.09.16），股價最高上漲到 71 元（2019.10.02 最高價）。僅僅只有 12 個交易日，股價就上漲了 139%，是明顯的「急漲」，因此採取 2 批賣出的策略：

**停利點 1》**2019 年 10 月 7 日，股價跌破 5 日線，且 5 日線下彎，

因此在 55.1 元時，賣出 5 張（詳見圖 2- ❶ ）。

**停利點 2》**2019 年 10 月 8 日，股價跌破 10 日線，且 10 日線下彎，因此在 52.9 元時，賣出剩餘的 5 張（詳見圖 2- ❷ ）。

採分批賣出的平均價位是每張 54 元（＝（55.1 元 ×5 張＋52.9 元 ×5 張）÷10 張）。將賣出平均價位 54 元除以買進平均成本 28.78 元後減 1，可算出獲利 88%。

不過實務上，有可能出現另一種情況，就是投資人在盤整區間（詳見圖 2 紅框 a）的位置買進 3 張，但後來因為是連續漲停，追漲停價仍然沒有買到，有可能是 3 張續抱。

倘若連 3 根漲停都沒買到，就不建議再追價，因為追高的風險永遠大於利潤，為確保成本不要墊高，即使真的要追買，也只能買 1 ～ 2 張。之後不論持有幾張，續抱到最後，一樣按照分批策略離場。

---

註 2：爆量的定義，實務上情況變化很多，必須看個別股票的股性，不能一概而論，這邊只是先簡單概述。在本書中，爆量是指「大型股超過 10 日均量的 1.5 倍，中小型股超過 10 日均量的 5 倍」。

---

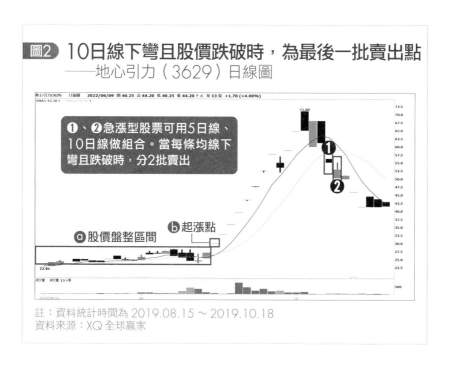

圖2　10日線下彎且股價跌破時，為最後一批賣出點
──地心引力（3629）日線圖

**❶、❷急漲型股票可用5日線、10日線做組合。當每條均線下彎且跌破時，分2批賣出**

ⓐ 股價盤整區間　　ⓑ 起漲點

註：資料統計時間為 2019.08.15 ～ 2019.10.18
資料來源：XQ 全球贏家

　　介紹完緩漲型和急漲型的案例之後，接著，要提到一個續漲過程中出現的變化球──無論是緩漲型或急漲型的股票，在未發生賣訊之前，但是卻在單一日出現爆量長黑或長上影線（紅K黑K都是，長上影線即使收紅，單日還是偏弱），也就是 5% 以上跌幅或高低差超過 10% 的現象，建議就先賣出 1/2 持股。如果是出現單一日爆量長紅K棒，也要先賣出 1/3（註 2）。

　　為什麼只要單一日出現爆量或長上影線，就必須先賣出大部分持股呢？因為飆股在行進過程中，雖然是多頭結構，但是如果出現異常大量，雖然表示有人大量買進，也有人大量賣出。如果股價不漲反跌，代表賣壓很大，賣出的人必然是獲利了結，但買進的人成本很高，只要後續推升力量不足，承接的人持股信心容易不足，股價支撐力道無法接續，日後股價就容易下跌。

　　同樣道理，雖然當日收長紅，但是爆量表示有人大量買進，也有人大量賣出，雖然單日強勢，但仍有高檔出貨的風險，所以也建議減碼，只是減碼幅度較小，只有 1/3。所以在飆股操作過程中，一旦出現異常大量時，記得先賣出手中部分持股，保留現金，之後無論是想要繼續進攻或轉戰他處，才有足夠的資金來操作。

## 停損機制》當股價跌破盤整區間，為一警訊

　　而除了前述介紹的挑選標的、停利策略外，一個完整的操作系統，一定要有停損機制，否則這樣的操作系統是不完整的。以下就是買進後，倘若股價表現不如預期，不漲反跌，該在什麼位置進行停損。

### 案例1》中鋼（2002）

## 圖3 出現黑K棒並跌破盤整區間時，應紀律停損
──中鋼（2002）日線圖

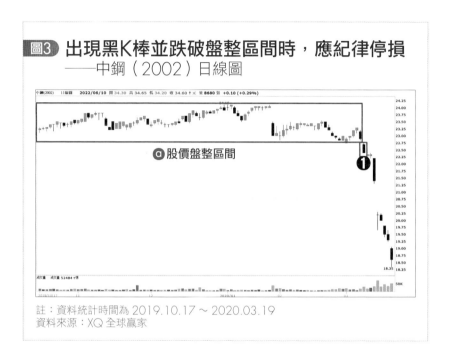

註：資料統計時間為 2019.10.17 ～ 2020.03.19
資料來源：XQ 全球贏家

　　以鋼鐵股中鋼為例，若投資人在盤整區間（詳見圖 3 紅框 a）就已經試單，分批布局 3 張，但後來 2020 年 3 月 9 日，股價出現黑K（詳見圖 3-❶）跌破紅框下緣，此時試單部位就應該紀律停損。

　　雖然一開始要承受小幅虧損，但可以避開後續股價從 22.75 元（2020.03.09最高價）下跌到 18.35 元（2020.03.19最低價），

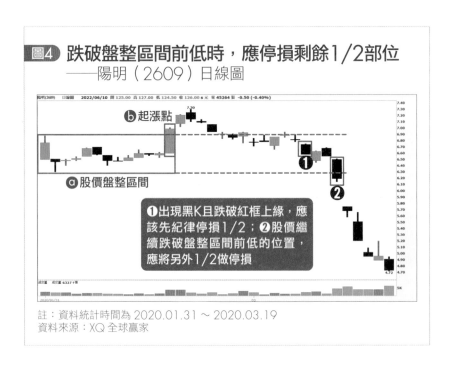

圖4 **跌破盤整區間前低時，應停損剩餘1/2部位**
——陽明（2609）日線圖

ⓑ 起漲點

ⓐ 股價盤整區間

❶出現黑K且跌破紅框上緣，應
該先紀律停損1/2；❷股價繼
續跌破盤整區間前低的位置，
應將另外1/2做停損

註：資料統計時間為 2020.01.31 ～ 2020.03.19
資料來源：XQ 全球贏家

將近 2 成跌幅的風險。

## 案例2》陽明（2609）

以航運股陽明為例，若投資人在盤整區間（詳見圖 4 紅框 a），
分批布局 3 張，且在 2020 年 2 月 18 日股價起漲（詳見圖 4-b）時，
買足 10 張。

假若之後不幸出現黑 K，且跌破紅框上緣（2020.03.09，詳見圖 4-❶），因為此時已非紅框範圍，應該先紀律停損 1／2，再觀察後續變化。

由於陽明在第 1 次停損的幾天後，股價繼續跌破盤整區間前低的位置（2020.03.12 收盤價為 6.19 元，前波最低價為 6.3 元，詳見圖 4-❷），故此時應將另外 1／2 做停損。

雖然一開始要承受小幅虧損，但可以避開後續股價從 6.51 元（2020.03.12 最高價）下跌到 4.72 元（2020.03.19 最低價），跌幅 27% 的風險。

# ⑵³ 初升段》先追1～3張
# 逢拉回或轉強再續買

對於已經開始起漲（即初升段）的飆股而言，整體選股邏輯與 2-2 相同，但技術面條件稍有不同。這個階段，技術面已經脫離盤整的底型，而且股價剛剛轉強起漲，或是漲了幾天，投資人才發現是飆股，但基期還不高，漲幅尚未太大，而且籌碼面跟消息面持續偏多。

由於此時股價已離盤整區間有一段空間，因此投資人應該不計成本先追 1 ～ 3 張，之後逢拉回或轉強時，再行加碼。同時也因為已經脫離盤整區間，股價相對高一些，故持有總數不宜超過 8 張。

## 停利策略》不論股價上漲速度，均分2批賣出

布局完成之後，若股價和猜測一樣不停上攻，則可依股價上漲速度是「緩漲」或「急漲」而採用不同的停利策略：

**圖1 5日線下彎且股價跌破時，先賣出1/2持股**
——南帝（2108）日線圖

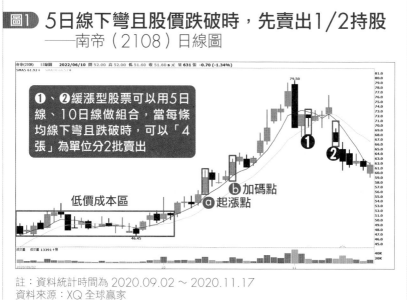

❶、❷緩漲型股票可以用5日線、10日線做組合，當每條均線下彎且跌破時，可以「4張」為單位分2批賣出

低價成本區
ⓑ加碼點
ⓐ起漲點

註：資料統計時間為 2020.09.02 ～ 2020.11.17
資料來源：XQ 全球贏家

## 1.緩漲型

倘若飆股是屬於「緩漲型」，可以用 5 日線、10 日線做組合，當每一條均線下彎且跌破時，可以「4 張」為單位，分 2 批賣出。

以乳膠廠南帝（2108）為例，2020 年 10 月 14 日發現和確認起漲時（詳見圖 1-ⓐ，股價約 59 元），股價已經脫離低價成本區（詳

見圖 1 紅框）有一段距離，因此短線必須先追買，不計價格先買進
3 張。

等到 2020 年 10 月 20 日，（詳見圖 1-b，股價約 62.2 元），
股價已經回測過 5 日線且股價小創新高，此時可做第 2 批買進 5 張，
完成布局。

之後股價沿著 5 日線上攻，因此都沒有賣出訊號。由於這段期間
股價從 48 元（盤整區間中間值概數）上漲到 79.5 元（2020.11.02
最高價），漲幅約在 6 成，屬於合理漲幅，故採用緩漲離場策略。

**停利點 1》** 2020 年 11 月 4 日，出現黑 K 棒、股價跌破 5 日線
且 5 日線下彎（詳見圖 1-❶），以 71.6 元的價格賣出 1/2 持股（4
張）。

**停利點 2》** 2020 年 11 月 10 日，股價跌破 10 日線且 10 日線
下彎（詳見圖 1-❷），以 66.5 元的價格將剩餘持股（4 張）全部
賣出。

整體來看，進場時的平均成本為 61 元（＝（59 元 ×3 張＋

62.2 元 × 5 張）÷ 8 張），採分批賣出的平均價位是 69.05 元（＝（71.6 元 × 4 張＋ 66.5 元 × 4 張）÷ 8 張），將兩者相除後減 1 即可算出，此次操作獲利約 13%（＝ 69.05 元 ÷ 61 元－ 1）。

## 2.急漲型

倘若飆股是屬於「急漲型」，可以用 3 日線、5 日線做組合，當每一條均線下彎且跌破時，可以「4 張」為單位，分 2 批賣出。

以航運股陽明（2609）為例，2020 年 12 月 18 日發現和確認起漲時（詳見圖 2-a，股價約 17.25 元），股價已經脫離低價成本區（詳見圖 2 紅框）有一段距離，因此短線必須先追買，不計價格先買進 3 張。

等到 2020 年 12 月 23 日（詳見圖 2-b，股價約 20.4 元），股價已經回測過 5 日線且股價小創新高，此時可做第 2 批買進 5 張，完成布局。

之後股價沿著 5 日線上攻，因此都沒有賣出訊號。由於這段期間股價從 13 元（盤整區間中間值概數）上漲到 32.15 元（2021.01.04 最高價），漲幅將近 150%，上漲空間相當大，故

採用急漲離場策略。

**停利點 1》**2021 年 1 月 6 日，出現長黑 K 棒、股價跌破 3 日線且 3 日線下彎（詳見圖 2-❶），以 28.8 元賣出 1／2 持股（4 張）。

**停利點 2》**2021 年 1 月 7 日，出現長黑 K 棒、股價跌破 5 日線且 5 日線下彎（詳見圖 2-❷），以 25.95 元將剩餘持股（4 張）全部賣出。

整體來看，進場時的平均成本為 19.22 元（＝（17.25 元 ×3 張＋ 20.4 元 ×5 張）÷8 張），採分批賣出的平均價位是 27.38 元（＝（28.8 元 ×4 張＋ 25.95 元 ×4 張）÷8 張），將兩者相除後減 1 即可算出，此次操作獲利約 42%（＝ 27.38 元 ÷19.22 元－ 1）。

接著，和起漲階段的操作法一樣，要提到一個續漲過程中出現的變化球──無論是緩漲型或急漲型的股票，在未發生賣訊之前，卻在單一日出現爆量長黑或是長上影線（紅 K 黑 K 都是），也就是 5% 以上跌幅或高低差超過 10% 的現象，建議就先賣出 2／3 持股。如果是出現單一日爆量長紅 K 棒，也要先賣出 1／2。

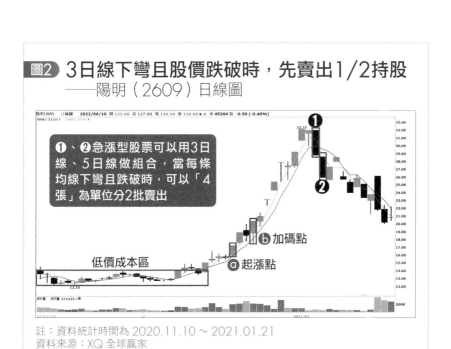

**圖2 3日線下彎且股價跌破時，先賣出1/2持股**
──陽明（2609）日線圖

註：資料統計時間為 2020.11.10 ～ 2021.01.21
資料來源：XQ 全球贏家

## 停損機制》與停利策略相同，分2批賣出

至於停損機制，基本上與停利策略是一樣的。布局完成後，若股價未如預期上攻，則可依上漲速度採用不同的停損機制：

## 1.緩漲型

　　倘若飆股是屬於「緩漲型」，可以用 5 日線、10 日線做組合，當每一條均線下彎且跌破時，可以「4 張」為單位，分 2 批賣出。

　　以金融股永豐金（2890）為例，2020 年 12 月 30 日股價開始起漲（詳見圖 3-a），接近收盤時，股價已經脫離低成本區（詳見圖 3 紅框）有一段距離，因此短線必須先追買 4 張。之後，2021 年 1 月 8 日股價續漲（詳見圖 3-b），為轉強訊號，此時可以再買 4 張（註 1）。

　　由於永豐金是大型權值股，而大型權值股通常是緩漲，所以雖然此檔股票剛剛起漲，但預先做這樣的假設，故採用緩漲離場策略。

　　**停損點 1**》2021 年 1 月 14 日，股價跌破 5 日線且 5 日線下彎（詳見圖 3-❶），賣出 1/2 持股（4 張）。

　　**停損點 2**》2021 年 1 月 15 日，股價跌破 10 日線且 10 日線下彎（詳見圖 3-❷），將剩餘持股（4 張）全部賣出。

---

註 1：總數都是 8 張，但可依把握程度調整，如把握度不高可先買 3 張，後買 5 張；若把握度高則可先買 4 張，再買 4 張。

---

## 圖3 5日線下彎且股價跌破時，即進行第1批停損
### ——永豐金（2890）日線圖

永豐金(2890)　日線圖　2022/06/20 開 16.75 高 17.00 低 16.70 收 16.80 升元 量 4217張 +0.05 (+0.30%)
SMA5 11.06↓　SMA10 11.1↓

❶、❷緩漲型股票可用5日線、10日線做組合，當每條均線下彎且跌破時，以「4張」為單位分2批賣出

ⓑ加碼點

ⓐ起漲點

❶
❷

低價成本區

成交量　成交量 15775張

註：資料統計時間為 2020.11.11～2021.02.01
資料來源：XQ 全球贏家

　　雖然這樣做一開始要承受小幅虧損，但可以避開股價從 11.55 元（2021.01.15 最高價），下跌到 10.95 元（2021.01.29 最低價），約 5% 跌幅的風險。

## 2.急漲型

　　倘若飆股是屬於「急漲型」，可以用 3 日線、5 日線做組合，當

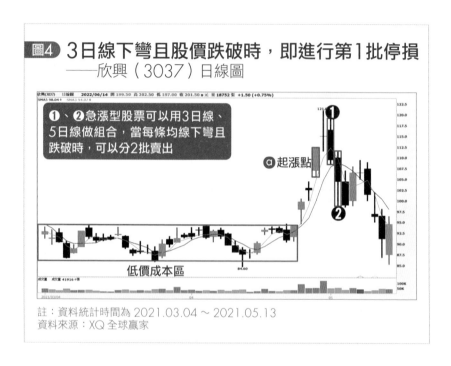

**圖4** **3日線下彎且股價跌破時，即進行第1批停損**
——欣興（3037）日線圖

註：資料統計時間為 2021.03.04 ～ 2021.05.13
資料來源：XQ 全球贏家

每一條均線下彎且跌破時，可以「4張」為單位，分 2 批賣出。

　　以 IC 載板暨印刷電路板（PCB）大廠欣興（3037）為例，
2021 年 4 月 28 日發現和確認起漲時（詳見圖 4-a），股價已經
脫離低成本區（詳見圖 4 紅框）有一段距離，因此短線必須先追買
4 張。之後未再出現買進訊號，總張數 4 張。

　　由於欣興是小型股，加上從 2021 年 4 月 23 日到 4 月 28 日，扣除假日後僅 4 個交易日，股價就從 90.5 元上漲到 112.5 元，漲幅超過 2 成，結構上屬於急漲，採用急漲的離場策略。

　　**停損點 1》**2021 年 5 月 3 日，股價跌破 3 日線且 3 日線下彎（詳見圖 4- ❶），賣出 1/2 持股（2 張）。

　　**停損點 2》**2021 年 5 月 4 日，股價跌破 5 日線且 5 日線下彎（詳見圖 4- ❷），將剩餘持股（2 張）全部賣出。

　　雖然這樣做一開始要承受小幅虧損，但可以避開股價從 111.5 元（2021.05.04 最高價），下跌到 85.2 元（2021.05.13 最低價），逾 2 成跌幅的風險。

# 主升與末升段》風險已高 一次完成布局且不加碼

**2-4**

2-3 介紹完初升段的飆股操作方式以後，接著，來看主升段和末升段的飆股操作方式。

通常飆股上漲過程會有好幾段，若只上漲 1 段或 2 段進入休息，就可以追買。但如果飆股已經歷經多段漲勢，而且盤整時間愈來愈多、股價上漲幅度愈來愈大的時候，會建議不要再買進，因為通常後續漲幅空間有限，但是風險極大（註 1）。

通常股價運行到這個階段，已經有相當漲幅，可能已經超過 30%，甚至超過 50%，正乖離（註 2）也會偏大，籌碼面可能偏多，也可能凌亂，消息面也會忽多忽空。依照正常操作，實在已經不適合再追，除非有很強大的理由，或是仍有足夠信心認為還有相當上漲空間。

由於此時的信念和想要買進的意念強大，已經不適用一般操作邏輯，基本上不用管成本或是操作方法，就是買吧！但此時買進已經算是追買，要靠點運氣。

## 停利與停損策略》無論上漲速度，採同機制出場

另外，投資人一定會有疑問，為何我會將主升段與末升段擺在同一篇章？那是因為只要股價漲幅超過一定幅度，又無法判斷之後還有多少空間，或目標價是多少時，就無從判斷你進場時，究竟是主升段或末升段（進場當下通常很難判斷），因此，我將主升段與末升段歸為同一類的操作法。

由於在主升段或末升段進場時，股價已經是中高位階，風險相對高，利潤也無從辨識，故而買進的張數以 3 張為限，再怎麼看好該檔股票也不宜超過 5 張，且要一次買足，即使之後遇到拉回，也不

---

註 1：或有甚者，是以無量漲停鎖死的方式強漲，這時候買的難度自然又更高了。而且等到漲停打開，你的買進點往往就是此波漲勢的最高點。

註 2：乖離率是股價和均線的距離，用來衡量目前股價偏離移動平均線的程度。若股價大於均線稱為「正乖離」，股價小於均線則稱為「負乖離」。

再加碼。

布局完成後，不論緩漲型或急漲型，都是用 3 日線、5 日線做組合，當每一條均線下彎且跌破時，分 2 批賣出。此時停利和停損其實策略上是一樣的，只是倘若追買之後，最後依照 3 日線、5 日線的條件賣出是獲利的狀態，那就是停利；但如果依照同樣的條件賣出，卻出現虧損，那就是停損。同時，這也是移動式支撐，支撐就是 3 日線和 5 日線。

以鋼鐵股中鴻（2014）為例，2021 年 5 月 6 日發現和確認起漲時（詳見圖 1-a，股價約 47.5 元），股價從 2021 年 3 月 25 日的最低價 17.5 元起漲至今，已經上漲 1.7 倍，但是因為對該股有強大信念，因此一次買足 4 張，完成布局。之後股價沿著 3 日線上攻，沒有賣出訊號。

**停利點 1》**2021 年 5 月 12 日，出現長黑 K 棒、股價跌破 3 日線且 3 日線下彎（詳見圖 1-❶），以 51 元賣出 1／2 持股（2 張）。

**停利點 2》**2021 年 5 月 13 日，股價跌破 5 日線且 5 日線下彎（詳見圖 1-❷），以 45.9 元的價格將剩餘持股全部賣出（2 張）。

**圖1** 3日線下彎且股價跌破時，先賣出1/2持股
——中鴻（2014）日線圖

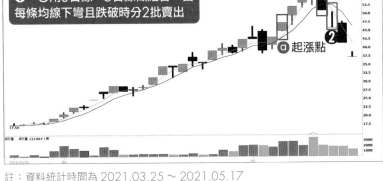

❶、❷用3日線、5日線做組合，當每條均線下彎且跌破時分2批賣出

ⓐ 起漲點

註：資料統計時間為 2021.03.25 ～ 2021.05.17
資料來源：XQ 全球贏家

　　整體來看，此次操作的買進成本為 47.5 元，採分批賣出的平均價位是 48.45 元（＝（51 元 ×2 張＋ 45.9 元 ×2 張）÷4 張），將兩者相除後減 1 可以算出，此次操作的獲利僅有 2%（＝ 48.45 元 ÷47.5 元－ 1），屬於高風險低利潤的操作。

　　接著，和 2-2、2-3 的操作法一樣，這裡要提到一個續漲過程中出

現的變化球——無論是緩漲型或急漲型的股票,在未發生賣訊之前,卻在單一日出現爆量長黑或長上影線(黑 K 紅 K 都是),也就是 5% 以上跌幅或高低差超過 10% 的現象,建議就先賣出全部持股。如果是出現單一日爆量長紅 K 棒,也要先賣出 2/3。

但有另一種情況,若買進後,很幸運的股價續漲 30% 以上,由於可承受的回檔空間較大,則可以將支撐由 3 日線和 5 日線,上調到 5 日線和 10 日線。

一樣以中鴻為案例,2021 年 4 月 21 日發現和確認起漲時(詳見圖 2-a,股價約 35.4 元),股價從 2021 年 3 月 25 日的最低價 17.5 元起漲至今,已經上漲 1 倍。但是因為對該股有強大信念,因此一次買足 4 張,完成布局。之後股價沿著 5 日線上攻,沒有賣出訊號。

**停利點 1》**2021 年 5 月 13 日,出現長上影線黑 K 棒、股價跌破 5 日線且 5 日線下彎(詳見圖 2-❶),以 45.9 元的價格賣出 1/2 持股(2 張)。

**停利點 2》**2021 年 5 月 14 日,股價跌破 10 日線且 10 日線下

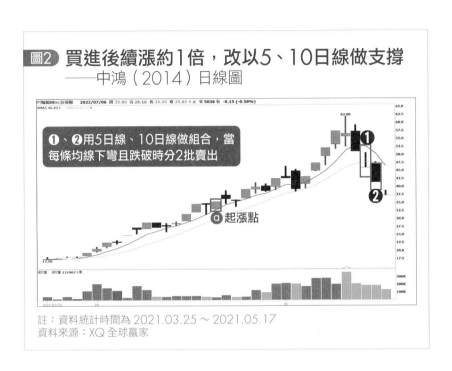

**圖2 買進後續漲約1倍，改以5、10日線做支撐**
——中鴻（2014）日線圖

❶、❷用5日線、10日線做組合，當每條均線下彎且跌破時分2批賣出

起漲點

註：資料統計時間為 2021.03.25 ～ 2021.05.17
資料來源：XQ 全球贏家

彎（詳見圖2-❷），以 41.35 元將剩餘持股全部賣出（2張）。

　　整體來看，此次操作的買進成本為 35.4 元，採分批賣出的平均價位是 43.63元（=（45.9元×2張＋41.35元×2張）÷4張），將兩者相除後減 1 可以算出，此次操作的獲利有 23%（= 43.63元÷35.4元－1）。

為什麼要有這樣的緩衝機制呢？單獨以中鴻案例，你會覺得這樣的調整，似乎反而賣得更低，但因為 3 日線是極短的支撐，實際上很容易跌破。當你利潤空間拉大時，如果把支撐挪移到 5 日線和 10 日線，有時候會讓你續抱更久。

不過看完以上的操作過程，可得到一個結論：「成本愈高，風險愈大，利潤愈少」。因此，整個操作系統都不脫一個架構——愈往上買，張數要愈低，而離場條件的設定，位階愈高，使用的均線和離場訊號愈短。只要把握這個大原則，操作系統可彈性變化和調整。

## 輔助資訊 1》用高檔背離訊號領先判斷長多頭轉弱

除了初升段、主升段、末升段的飆股操作法之外，穩健緩漲的長多頭走勢，會伴隨高檔盤整的情況，股價才會正式修正。而在末升段的賣訊尚未出現之前，有時會出現一些不守規矩的訊號，這些就是高檔反轉的先兆。這些訊號，也是投資人可以作為末升段操作的補充及判斷，即使末升段的賣出訊號尚未出現之前，也可以作為預防性減碼的參考依據。

當一個多頭趨勢進行中，多數的 K 線、型態、技術指標、籌碼、

數據等，通常都會是與多方的趨勢是正相關的。但是往往在這些資訊之中，會有幾個訊號是「不守規矩」的，在初期上漲的過程，可能不必太在意。可是如果股價起漲 1 個月之後，或是大型股漲幅超過 30%，或是中小型股漲幅超過 50% 以上，就要開始觀察是不是有可能出現反轉的領先訊號。簡單來說，就是當股價或指數位於高檔時，若出現「不守規矩」的訊號，可能是反轉的先兆。

所謂的「不守規矩」訊號，其實就是俗稱的「背離」。背離是指當股價走勢創新高或是新低時，對應的成交量或技術指標值卻沒有跟著一起創新高或新低。通常背離現象出現不久之後，股價會出現反轉。

例如多頭時出現「高檔背離（指股價或指數創高，但指標沒有同步創高）」，是由多翻空的前兆，之後容易伴隨一大波下跌，是一種高檔多頭力竭的現象。空頭時出現「低檔背離（指股價或指數創低，但指標沒有同步創新低）」，是由空翻多的前兆，之後容易伴隨一大波漲幅，是一種低檔空頭力竭的現象。

當一個中長期多頭，由高檔走空，一定是由極短線翻多，依序變成短線翻空、中線翻空、長線翻空。而依據飆股的跌幅走勢，主要

可以將之區分為「緩跌型」跟「急跌型」。緩跌型通常會出現「高檔背離」和「盤頭（註3）」現象，而急跌型有時會出現「高檔背離」；有時候「高檔背離」不會出現，接著就是一日反轉，股價急挫。急跌型的部分我在 2-5 會再補充說明，這裡以緩跌型的飆股為主。

就常理來說，一個中長期多頭會在出現高檔背離之後，股價才接著進行修正。而高檔背離又可以分為 2 種──「量能的背離（價量背離）」和「指標的背離」：

# 1.量能的背離（價量背離）

價量背離就是指股價創新高，但是成交量能並未同步創新高。一般來說，當多頭結構出現價量背離，之後如果出現末升段賣出訊號，股價容易修正。

以電子股首利（1471）為例，圖 3 中❶段股價創新高，成交量也創新高，是正常現象。而❷段股價雖然創新高，但是成交量並未同步創新高，是價量背離現象。之後沒多久，股價就反轉向下，且

---

註 3：盤頭是股價在高檔箱型整理，有做頭的風險，但又尚未做頭，稱為盤頭。若指高檔箱型整理，但沒有做頭風險，就會叫做高檔整理，兩者只是一線之間。

---

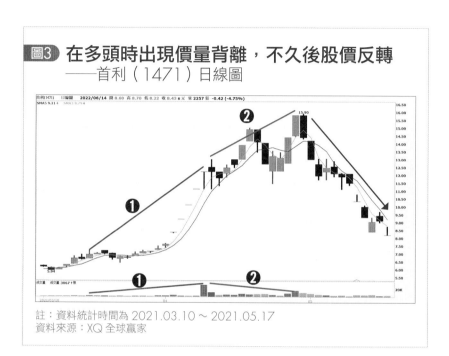

**圖3** **在多頭時出現價量背離，不久後股價反轉**
——首利（1471）日線圖

註：資料統計時間為 2021.03.10 ～ 2021.05.17
資料來源：XQ 全球贏家

陸續跌破 3 日線和 5 日線。若從 2021 年 4 月 29 日最高價 15.9
元來看，不到 1 個月股價就跌至 8.2 元（2021.05.17 最低價）
左右，幾近腰斬。

## 2.指標的背離

指標背離涵蓋較廣，事實上幾乎所有技術指標都可以判斷高檔背

離，不過實務上大多看「KD」和「MACD」，也就是股價創新高，KD 或 MACD 卻沒有跟著創新高。我會建議，如果飆股的漲幅小、時間短，可以用 KD 做觀察；如果飆股的漲幅大、時間長，則可以改用 MACD 做觀察。

**①股價與 KD 指標背離：**以航運股華航（2610）為例，從圖 4 中可看出，❶段股價創新高，KD 指標也創新高，是正常現象。❷段股價雖然創新高，但是 KD 指標並未同步創新高，是指標背離現象。

一般來說，當多頭結構出現指標背離，之後如果出現末升段賣出訊號，股價容易修正。從圖 4 來看也是如此。華航在 2021 年 4 月底出現指標背離之後，股價從 2021 年 4 月 29 日的最高價 22.8 元，跌到 5 月 13 日的最低價 13.55 元，跌幅 41% 左右。

**②股價與 MACD 指標背離：**以記憶體大廠旺宏（2337）為例，從圖 5 中可以看出，股價雖然創新高，但是 MACD 指標並未同步創新高（詳見圖 5-❶），是指標背離現象。

一般來說，當多頭結構出現指標背離，之後如果出現末升段賣出訊號，股價容易修正。從圖 5 來看也是如此。旺宏在出現高檔的指

**圖4** 股價與KD在高檔出現背離後，股價隨即下修
——華航（2610）日線圖

註：資料統計時間為 2021.03.10 ～ 2021.05.17
資料來源：XQ 全球贏家

標背離之後，4 月和 5 月雖然有出現反彈，但也無法再突破 50 元（2021.02.22 最高價）的前高，之後就出現正式走空的現象，股價出現大幅修正。

看到這裡，就有人會想問，「是不是股價上漲到高點，一定會出現高檔背離才修正呢？」當然不是。對於飆股來說，即便沒有出現

高檔背離，但若是出現短線（以 10 日線為基準）或中期（以 20 日線為基準）轉折訊號，股價仍是有可能修正的。

「那是不是只要出現高檔背離，就一定要賣出嗎？」不是的。高檔背離只是警訊，而非賣訊。何況大型股常常出現 2 次背離，而中小型股甚至要 3 次背離以上，股價才會進行修正。因此，看到高檔背離的因應措施，應該是提醒你不要過度追高，或是持股滿檔者應該適度做減碼，而非全數出清，這樣往往會錯失真正的末升段行情。所以背離只是提供一種預防性減碼的訊號，但是否要全部出清，仍然要依據先前提到的末升段操作法來判斷。

根據經驗，短中天期指標（成交量、KD），有可能發生 2 ～ 3 次背離，才正式趨勢反轉，但長天期技術工具（MACD）的背離，大多出現 1 次（少數出現 2 次），就會成功發生由多翻空的反轉現象。

## 案例1》金麗科（3228）

以 IC 設計廠金麗科為例，從圖 6 中可看出，2021 年 1 月中到 2 月底（詳見圖 6-❶）股價創新高，成交量也創新高，是正常現象。

2 月底至 3 月中旬（詳見圖 6-❷）股價雖然創新高，但是成交量

**圖5 股價、MACD高檔背離後，股價無法破前高**
——旺宏（2337）日線圖

註：資料統計時間為 2020.11.05 ～ 2021.05.17
資料來源：XQ 全球贏家

並未同步創新高，是第 1 次價量背離現象。

3 月中旬到 4 月初（詳見圖6-❸），又再次出現股價雖然創新高，但是成交量並未同步創新高，是第 2 次價量背離現象。

多頭結構出現 2 次價量背離，之後如果出現末升段賣出訊號，股

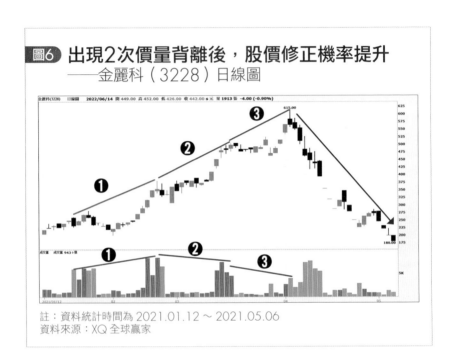

圖6 出現2次價量背離後，股價修正機率提升
——金麗科（3228）日線圖

註：資料統計時間為 2021.01.12 ～ 2021.05.06
資料來源：XQ 全球贏家

價修正機率比 1 次背離更高。而金麗科在高檔出現 2 次價量背離之後，股價一路下跌，從 2021 年 4 月 6 日的最高價 615 元，跌至 5 月 6 日的最低價 180 元，跌幅高達 70%。

## 案例2》大田（8924）

以高爾夫球桿頭廠大田為例，從圖 7 中可以看出，2021 年 3 月

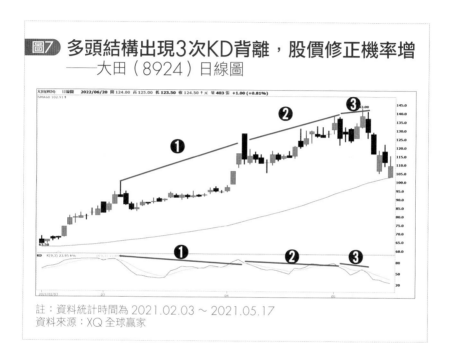

**圖7** 多頭結構出現3次KD背離，股價修正機率增
——大田（8924）日線圖

註：資料統計時間為 2021.02.03 ～ 2021.05.17
資料來源：XQ 全球贏家

初至 4 月初（詳見圖 7-❶）股價雖然創新高，但是 KD 指標並未同步創新高，是第 1 次 KD 背離現象。之後 4 月初到 4 月底（詳見圖 7-❷），又再次出現股價雖然創新高，但是 KD 指標並未同步創新高，是第 2 次 KD 背離現象。

5 月初（詳見圖 7-❸）又出現股價雖然創新高，但是 KD 指標並

未同步創新高，是第 3 次 KD 背離現象。

多頭結構 KD 出現 1 次或 2 次背離很常見，但出現 3 次 KD 背離，之後如果出現末升段賣出訊號，股價修正機率比 1 次和 2 次背離更高。大田在 3 月到 5 月之間，出現 3 次的 KD 背離現象，之後股價出現下跌，修正幅度接近 3 成，到季線才出現止跌現象。

## 案例3》精材（3374）

以半導體晶圓封測廠精材為例，從圖 8 中可以看出，2020 年 11 月中旬至 12 月初（詳見圖 8-❶）股價雖然創新高，但是 MACD 指標並未同步創新高，是第 1 次 MACD 背離現象。12 月中旬到隔年 1 月底（詳見圖 8-❷），又再次出現股價雖然創新高，但是 MACD 並未同步創新高，是第 2 次 MACD 背離現象。

多頭結構出現 2 次指標背離，之後如果出現末升段賣出訊號，股價修正機率比 1 次背離更高。而精材在高檔出現 2 次指標背離之後，股價一路下跌，從 2021 年 1 月 26 日的最高價 219 元，跌至 2021 年 5 月 13 日的最低價 116 元，跌幅約 47%。

假如以交通號誌紅綠燈的概念，背離現象並非立即的買賣訊號，

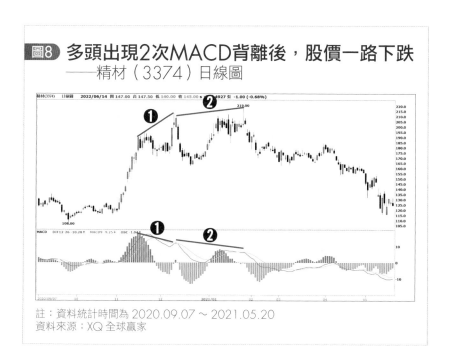

### 圖8 多頭出現2次MACD背離後，股價一路下跌
——精材（3374）日線圖

註：資料統計時間為 2020.09.07 ～ 2021.05.20
資料來源：XQ 全球贏家

也就是既非紅燈（賣），也非綠燈（買），而是黃燈，投資人應該停、
看、聽。

　　短天期高檔背離現象出現後，可以等 5 日線下彎且跌破，或是
KD 正式死亡交叉且脫離鈍化區，判斷確認下跌趨勢。反過來，短天
期低檔背離現象出現後，可以等 5 日線上揚且突破，或是 KD 正式

黃金交叉且脫離鈍化區，判斷確認上漲趨勢。

中長天期高檔背離現象出現後，可以等 10 日線和 20 日線死亡交叉，判斷確認下跌趨勢。反過來，中長天期低檔背離現象出現後，可以等 10 日線和 20 日線黃金交叉，才判斷確認上漲趨勢。

# 輔助資訊2》從不守規矩訊號，判斷多頭是否力竭

當然多頭時，除了高檔背離是比較容易判斷和常見之外，其實當股價上漲到高檔，還有一些其他可以觀察的「不守規矩」訊號，也可以作為觀察和參考，都可能是指數或個股多頭力竭的領先訊號。分述如下：

## 1.指數與類股輪動

指數上漲到高檔，但是手中持股，或是多數觀察股卻漲不動，甚至緩跌，這也要小心，可能是有人趁指數創高，掩護出貨。另外，從類股輪動也可以觀察末升段現象，原先強勢股可能漲勢趨緩，甚至不漲，而轉移到落後補漲型的個股。倘若你發現某一族群多數個股位階都相對高，漲勢趨緩，但原先不動的類股族群，有起漲現象，也要留意是指數末升段徵兆。

## 2.消息面／基本面

在我的股票投資系統之中，把績優的基本面（註4）跟好的消息面歸納為同一件事情，簡言之就是利多。當股價行進到高檔區，新聞媒體、馬路消息的利多滿天飛，卻發現某檔個股出現利多不漲的情況時，就要有警戒心。保守投資人應該預防性減碼，因為這表示有人已經悄悄地趁眾人沉醉於利多的時候，在高檔出貨。甚至有時候在利多環繞下，股價不只不漲，還出現利空起跌的現象，這時候就更要立即積極地做離場動作。

## 3.籌碼面

就籌碼面來看，有2種情況需要留意：①當股價運行到高檔，法人買盤出現觀望，時買時賣，而融資續增，但股價已經不漲，這時候要留意和警戒，可能也是相對高點的現象；②另一種更危險的籌碼狀況是，法人、融資、主力指標都在買進，但是股價不漲反跌。當這種情況出現時，後續股價可能會出現更大幅度的修正，因為這表示有一隻你看不見的手（即隱藏的大戶），很用力地在賣，而它

---

註4：2-1提到的基本面，是真的基本面，是公司真的內部情況，以及當下正在發生的事情。這裡的績優基本面是已經公告的財報數據，即一般人所謂的基本面，是眾所皆知的事實。

持有的籌碼，比法人跟散戶更多。

# 4.技術面

就技術面來看，有 3 種情況需要留意：①指數或股價仍然上漲，但多日出現開高走低；②股價是上漲或盤整，但 5 個成交日內，有 3 天以上收黑 K；③股價在上漲途中遇到重要壓力區，一直無法有效突破或是盤中震盪劇烈。

這裡要再次提醒大家，當市場歡聲雷動時，我們要多注意這些領先訊號，這樣可以讓我們免於危險。只是看到這些訊號時，不用過度恐慌，只要保持多一分警戒，不要追高，預防性分批減持。

若看到有多個領先訊號同時出現時，就需要更警惕了，因為這時的風險係數會更高，因此倘若背離（價量背離和指標背離都是）之後，又出現明確關鍵末升段的賣出訊號，那風險性就會升高了，必須積極迅速離場。

# （2-5）噴出段》位階已高 以高點回檔幅度作為賣訊

　　一檔股票上漲過程，會有「打底、初升段、主升段和末升段」等過程，其中初升段就是發動跟緩漲，主升段通常會急漲，末升段則是會飆漲和噴出（詳見圖1）。這是一種典型的模型架構，但不一定完全會出現，可能有不同的排列組合和變化。

　　例如通常打底一定會出現，但有可能初升段、主升段和末升段都是緩漲，也可能從初升段就直接飆漲到末升段，然後最後噴出結束。

　　先前提到的內容中，2-2 屬於打底階段、2-3 是初升段、2-4 則是主升段和末升段。而末升段最後通常會以 2 種方式做結束：

　　1. 如果是「緩漲型」，會伴隨高檔背離現象和高檔震盪（頭部型態）告終。

**圖1 股票上漲過程可能會歷經4階段**
——紘康（6457）日線圖

末升段（飆漲和噴出）

主升段（急漲）

初升段（緩漲）

長紅K棒帶量突破盤整，為發動起漲點

打底階段

成交量 成交量 717+張

註：資料統計時間為 2020.07.24 ～ 2021.01.21
資料來源：XQ 全球贏家

2. 如果是「急漲型」，則會以「噴出」形式呈現。何謂噴出？就是股價上漲，每日大漲幅度都在 5% 以上，甚至漲停，會造成技術面 K 線圖出現接近 90 度的漲勢，稱之為「噴出」。

但要記住的是，噴出和高檔背離一樣，不是必然會發生。通常會出現在中小型股以及成交量原本不大的股票，大型股比較少出現這

種現象（因為大型股主力持股量大，必須分批出貨，無法在 1 天就出貨完畢，噴出方式不利於出貨）。這一個章節，就是要教大家如果遇到噴出段行情時，要如何操作。

噴出段行情，還可以細分為 2 種類型：一種是「穩健續漲型股票」，從一開始的股價發動，開始緩漲，接著進入急漲，最後則出現連續多日噴漲角度；另一種是在沒有任何訊號下，直接連續性大漲，甚至每天漲停的噴出段行情，為「直線飆漲型股票」。以下分別介紹：

## 穩健續漲型股票》高點回跌3%、5%、8%時停利

由於穩健續漲型股票進入噴出段行情時，位階已高，走勢不允許有一絲一毫的瑕疵，因此要用更為嚴格的條件，作為賣出訊號——以當時最高價格回檔的點位，進行離場的設定。從高點回檔 3% 時，投資人就要進入警戒狀態，甚至保守者可先賣出 1/3，密切觀察盤中的價量變化，因為這可能是由高點轉弱的最領先現象。

為什麼會設定下跌 3% 開始出場呢？因為若股價下跌 3%，在 K 線圖就等於是 1 根小黑 K。高檔出現小黑 K，表示走勢轉弱，最好先出場1/3。為什麼不全部賣出呢？因為飆股的波動性通常會比較大，

也可能出現整理完持續噴出，因此還是保留 2/3 持股，觀望後市。

3% 以上的跌勢視為中黑，由於回檔 3% 時已經處分 1/3 持股，當跌幅出現 3%、未到 5% 的中黑時，可以稍作觀望，等跌勢到 5% 再動作。如果跌勢再加重，來到 5% 以上，這時候要毫不猶豫，出清原先持股的 1/3。因為 5% 等同於高檔長黑，為了避免股價反轉向下，應先出場一部分。但是到這個階段，股票波動性會比較大，也可能出現整理完持續噴出的情況，因此還是保留最後 1/3 持股，觀望後市。

倘若續漲則繼續持有，但是也不回補。續漲後的某一天，如果從高點跌到 8% 以上，這次就把最後的 1/3 持股全數賣出，完成此波段交易。因為 8% 已經超過漲停 10% 的 2/3 幅度，基本上應該大勢已去，不容易再有轉機。

將停利條件從高點分割為「3%、5%、8%」這 3 個比率的原理，在於股價已經進入飆漲階段，代表多頭氣盛，只能漲不能跌，只能前進不能後退，所以一旦出現下跌，就代表買方力道不能接續，或是有人已經在出貨，就必須立刻離場，免得被主力出貨，而來不及出場。

由於股價回檔 3%、5% 以及 8%，等於是股價來到高點價位的 97%、95% 與 92%，算式就是將「波段最高價乘以 0.97、0.95 以及 0.92」。例如某一檔飆股的最高價是 100 元，回檔 3%，就是股價跌到 97 元；回檔 5%，就是股價跌到 95 元；回檔 8%，就是股價跌到 92 元。

投資人可以在每天接近收盤的時候觀察，股價是否跌回「高點的 97%、95% 與 92%」這幾個關鍵價位，如果盤中觸及上述的價位，就應該依照策略紀律地分批賣出。

不過，有一種可能性是盤中跌破，但尾盤又再度站上，這個時候寧可賣錯，也不再回補，這樣的策略可能會少賺，但這是為了避免風險，不得不的策略。倘若只出現 1 個或 2 個訊號，只賣出部分持股，還有剩下部分持股，隔天股價再創新高，就以新高回推 3 個價位作為計算的基礎。

以類比混合訊號 IC 廠紘康（6457）為例，從圖 2 中可以看出，在尚未有噴出段現象時，股價就已經從 2020 年 8 月 21 日最低價 49.6 元（詳見圖 2-a），上漲到 2021 年 1 月 4 日最高價 98 元（詳見圖 2-b），漲幅接近 1 倍，屬於相對高的位階。但是仍守住 5 日

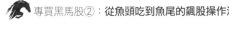

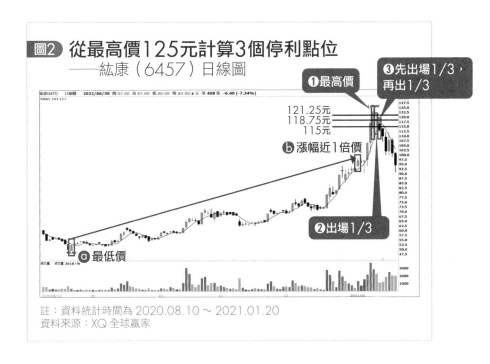

**圖2** **從最高價125元計算3個停利點位**
——紘康（6457）日線圖

**❶最高價**

**❸先出場1/3，再出1/3**

121.25元
118.75元
115元

**ⓑ漲幅近1倍價**

**❷出場1/3**

**ⓐ最低價**

註：資料統計時間為 2020.08.10 ～ 2021.01.20
資料來源：XQ 全球贏家

線之上，因此最短線的賣出條件都尚未出現。不過，從 2021 年 1 月 7 日開始，1 月 8 日、1 月 11 日出現連續 3 天大漲（1 月 9 日、1 月 10 日 2 天為週末），漲幅在 5% 之上，甚至有 2 天漲停，符合噴出段現象，因此採用噴出段離場策略。

1 月 11 日最高價為 125 元（詳見圖 2-❶），將之分別乘以 0.97、

0.95 與 0.92 可計算出，股價回檔 3% 的價格是 121.25 元、回檔 5% 的價格是 118.75 元、回檔 8% 的價格是 115 元。由於 11 日當天是開低走高，因此，收盤 123 元只比高點 125 元回檔 1.6%，不需要出場。

1 月 12 日，股價開低後走低，沒有再創高，因此我們仍要用 1 月 11 日最高價 125 元計算出場價。12 日當天股價最低來到 112 元，已經跌破同時回檔超過 3%、5% 與 8% 的出場價，但是收盤回到 119 元，視為跌破 3% 的出場訊號，此時先賣出 1／3 持股，另外 2／3 續抱（詳見圖 2-❷）。

1 月 13 日，股價平盤開出之後就震盪走低，當天股價最低來到 112.5 元，接近收盤的時候，可以確定股價會跌破回檔 5% 的出場價 118.75 元，因此出場 1／3。最後收盤前再確認，回檔 8% 的出場價格 115 元，也無法站上，因此出場最後 1／3（詳見圖 2-❸）。

之後股價便連續下跌，直至 90.9 元（2021.01.20 最低點）才出現止跌訊號，波段跌幅接近 3 成。

噴出段離場策略有一個很重要的原則，必須是股價飆漲或出現噴

出現象才使用，如果在初升段就使用這個方法，因為這樣的漲跌訊號太敏感，很容易變成太早離場，而錯失大波段行情。

當然，有些反應快的讀者可能已經想到，能不能把「回檔幅度」搭配末升段操作的「3日線、5日線」作為分批離場的訊號呢？當然是可以的。

舉例來說，可以將股票分拆為 4 批，高檔回檔 3% 為警戒訊號，但不賣出；高點回檔 5% 賣出 1/4；回檔 8% 賣出 1/4；跌破 3 日線賣出 1/4；跌破 5 日線賣出 1/4。若同時跌破任 2 條件（例如同時跌破 8% 和 5 日線），就是賣掉一半（＝ 1/4 ＋ 1/4）。3 日線、5 日線合併回檔跌幅的做法，其實就是本書一開始提到的「跌破支撐法」，這我在第 3 章會有更詳細的介紹。

## 直線飆漲型股票》往往出現一日倒V型反轉

直線飆漲型股票往往沒有基本面，但是股價卻如同旱地拔蔥般一路瘋漲，無法分辨初升段、主升段、末升段，就直線噴漲，過幾天市場才會傳出突發性利多消息，例如，爆發性的營收或獲利成長，或是一次性的利多，例如處分資產、公司有急單、新藥股的藥證通

過等。

　　直線飆漲型的股票根本就沒有經歷上漲、休息、上漲的階段，常常是從一字型的盤整股價，直接漲停拉開狂飆的走勢。表現在 K 線圖，通常會是長期整理，出現長達半年以上的一字底（詳見圖 3 紅框），或是狹幅的多重打底，也就是股價在 15% 至 30% 之區間整理，然後才開始一段段地上漲。這種具備基期低、籌碼乾淨的特質，容易成為飆股。

　　由於直線飆漲型股票多是中小型股、冷門量少股，股本小、交易量小，主力需較長的時間慢慢吃貨，所以初期籌碼很難看出端倪，投資人很難提早在股價未發動之前挖掘到，只能等到大漲後，技術面才看得到（例如起漲後第 1 根、第 2 根才會發現），此時只能用追買的方式買進。2-2 介紹的飆股起漲前案例，也是屬於這種類型。

　　看到直線飆漲型股票大漲後，隔天追買的方式是，若看到股價呈現小紅或小黑的 K 棒，代表股價漲勢休息和趨緩，此時就只能不計代價的買進，用追買的策略掛單搶進。但因為是追買，風險較大，若你平時一檔股票會買進 10 張，建議追買時將部位降低，例如只買進 3 張～ 5 張就好。這樣一來，即使進場後股價突然反轉，也比

## 圖3 直線飆漲型股票上漲前，往往會出現一字底
—— 立康（6242）日線圖

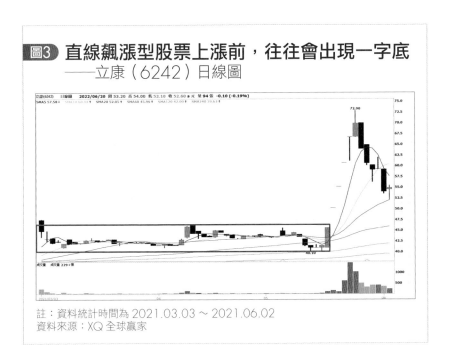

註：資料統計時間為 2021.03.03 ～ 2021.06.02
資料來源：XQ 全球贏家

較不會賠太多。

　　而噴出段行情之後，股價常常會伴隨「倒 V 型反轉」，因為出現此種圖形之後，趨勢會由空翻多，所以稱為反轉圖形。通常由急跌之後伴隨急彈的結構產生，而急跌的段落通常是偏消息面利空，而非實質的經濟面和景氣面，因此一旦利空狀況解除，指數或股價很

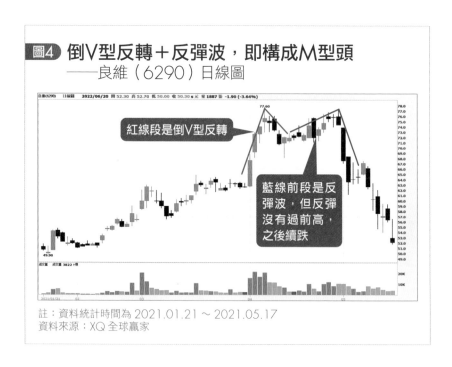

圖4 倒V型反轉＋反彈波，即構成M型頭
——良維（6290）日線圖

紅線段是倒V型反轉

藍線前段是反彈波，但反彈沒有過前高，之後續跌

註：資料統計時間為 2021.01.21 ～ 2021.05.17
資料來源：XQ 全球贏家

容易回到原本的位置，甚至轉強翻多。正常情況趨勢要改變會由空頭開始，一定先短線翻空，接著中線翻空，最後長線翻空，但倒 V 型是一日反轉，直接由多翻空。

另外，所謂的反彈波，其實就是倒 V 型反轉的延長，倒 V 型反轉之後，又出現一波反彈，但是卻無法過高，為何會有這種現象呢？

其實就是因為倒 V 型反轉，即使控盤者或主力作手，也無法完全將持股出清，於是再拉一波，但是這一波通常會價漲量縮，大多時候也不會過之前高點，然後再下跌，而倒 V 型反轉和反彈波組合在一起，其實就是型態學所說的 M 型頭（詳見圖 4）。

不論是倒 V 型和 M 型頭，都屬於圖形學派的反轉圖形，當 K 線圖中出現這樣的圖形時，代表股價由多翻空，以及續跌的機率相當高，之後通常會出現不小的跌幅，所以投資人如果看到這樣的型態，一定要小心因應，才能避開下跌的風險。

# 掌握3重點
## (2-6) 操作飆股更得心應手

飆股操作法的交易技巧大致上已經説明完畢，接下來要討論的主題是有關於飆股操作的心法和需要注意的重點：

### 重點1》按紀律出場，且賣完後不輕易買回

首先第 1 個重點，就是不論買進時股票是位於打底、初升段、主升段或末升段，也不管你是將資金分 2 批或是 3 批，只要每 1 批出現賣出訊號和條件，就必須按紀律出場。

當賣出股票之後，即使股價後來又站回支撐（如果是緩漲型為 5 日線、10 日線、20 日線；如果是急漲型為 5 日線、10 日線；如果是追買為 3 日線、5 日線；如果是噴出段為高點回跌的 3%、5%、8%），退出的現金，就不能再回頭買。因為這樣會造成賣高、買更

高，會讓交易成本墊高。當交易成本墊高，風險就會隨之產生。

以遊戲股辣椒（4946）為例，2021 年 12 月中股價從低檔盤整起漲，2 週的交易日漲幅快 1 倍，屬於急漲型，因此持股分為 3 批，採用「3 日、5 日、10 日」3 條均線作為離場工具。

2021 年 12 月 24 日，辣椒出現跌破 3 日線且 3 日線下彎（詳見圖 1-❶），因此賣出 1/3 持股。

12 月 27 日，又再度出現跌破 5 日線且 5 日線下彎（詳見圖 1-❷），再賣出另外 1/3。

12 月 30 日，股價重新站回 3 日線以及 5 日線，而且 2 條均線上揚（詳見圖 1-a），但是即使如此，要遵守「賣出不再回補」的紀律，以免墊高成本，增加操作風險，僅保留最後的 1/3 持股觀察後續走勢。

之後直到 2022 年 1 月 20 日，辣椒出現跌破 10 日線且 10 日線下彎（詳見圖 1-❸），才將剩餘的 1/3 持股全部出清，完成本次操作。

　　操作飆股最忌貪心，吃 8 分飽就已經是神操作，5 分飽也不錯，千萬不要想吃到飽。除了賣出後不能買回之外，千萬不要異想天開，過程中還多空操作，一下子做多，一下子又反手做空，這是更危險的操作方式。

# 重點2》賣錯若想追回，須降低進場張數

　　有時候賣出之後發現賣錯，股票仍在多頭結構，只是假跌破，或是經過整理，重新回到多頭結構，又或者對於後續上漲有強大信念，出現以上情況，可以選擇賣出之後再追買，但必須一律視為「末升段或噴出段」的操作模式，降低進場張數，而且守最短線的支撐。這裡幫大家複習一下末升段和噴出段的操作方法：

## 1.末升段操作法

　　末升段操作是用 3 日線、5 日線做組合，當每條均線下彎且跌破時，分 2 批賣出。

　　續漲過程中，若上述的操作未發生賣訊，但卻在單一日出現爆量長黑或是長上影線，也就是 5% 以上跌幅或高低差超過 10% 的現象，建議就先賣出全部持股，即使單一日出現爆量且為長紅 K 棒，也要

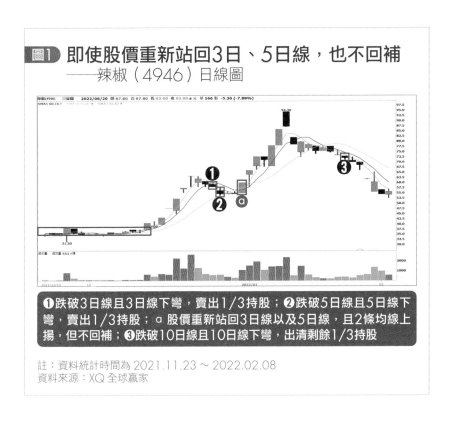

**圖1 即使股價重新站回3日、5日線，也不回補**
——辣椒（4946）日線圖

❶跌破3日線且3日線下彎，賣出1/3持股；❷跌破5日線且5日線下彎，賣出1/3持股；α 股價重新站回3日線以及5日線，且2條均線上揚，但不回補；❸跌破10日線且10日線下彎，出清剩餘1/3持股

註：資料統計時間為 2021.11.23～2022.02.08
資料來源：XQ 全球贏家

先賣出 2/3。

以電子紙大廠元太（8069）為例，2021 年 5 月初出現連續性的賣出訊號（此處指的是第 1 階段賣出）：

① 5 月 4 日，股價跌破 5 日線且 5 日線下彎（詳見圖 2- ❶ ）。
② 5 月 10 日，股價跌破 10 日線且 10 日線下彎（詳見圖 2- ❷ ）。
③ 5 月 17 日，股價跌破 20 日線且 20 日線下彎（詳見圖 2- ❸ ）。

3 個位置為明確的分批賣出訊號。但是之後元太的股價立即止跌回升，不久後出現 5 日線上揚、10 日線上揚，甚至後來 20 日線也上揚。股價重新翻多，再次出現買進訊號，故將之視為末升段操作。以下是追買或是回補的操作：

6 月 15 日，元太的股價站上 20 日線（詳見圖 2-a），收盤價也創高，實體線突破前高（詳見圖 2 下方紅線），為保守的買進訊號。

之後股價續漲，6 月 22 日，元太的股價完全突破前高的上影線（詳見圖 2-b、上方紅線），為積極的買進訊號。

要注意的是，投資人無論是在位置 a 或位置 b，都只能一次性買足。那究竟是要在哪一個位置買足呢？答案是皆可。a 是積極型買點，b 是保守型買點，投資人可依自己的投資屬性做判斷。

至於出場的時機點，可以等到之後股價跌破 3 日線且 3 日線下彎

**圖2** **追買股票後，應以跌破3、5日線為賣出訊號**
—— 元太（8069）日線圖

❶❷❸根據5、10、20日線支撐，做第1階段賣出；a 股價站上20日線，且收盤價突破下方紅線；b 股價突破前高的上影線，為積極買進訊號；❹股價跌破3日線且3日線下彎時，賣出1/2持股；❺股價跌破5日線，且5日線下彎時，賣出剩餘1/2持股

註：資料統計時間為 2021.03.31 ～ 2021.07.30
資料來源：XQ 全球贏家

時，賣出 1/2 持股（2021 年 7 月 15 日，詳見圖 2-❹）；等到股價跌破 5 日線，且 5 日線下彎時，賣出另外 1/2 持股，完成操作（2021 年 7 月 16 日，詳見圖 2-❺）。賣出之後即使股價續漲，

也不追回。

## 2.噴出段操作法

倘若追買後，走勢進入「噴出段」，操作的方式要以當時最高價格回檔的點位，進行離場的設定。例如可將停利條件設為從高點回檔「3%、5%、8%」，算式就是將「波段最高價乘以 0.97、0.95 以及 0.92」。每天在接近收盤的時候觀察，股價是否回跌到這幾個關鍵價位。盤中波動不算在內，尾盤如果拉上去，危機就解除（註 1）。若隔天股價再創新高，就以新高的股價作為計算的基礎。

以國內 3C 產品的表面處理電鍍大廠位速（3508）為例，股價從 2021 年 10 月的盤整位置（約 19.85 元）開始爬升，不到 30 個交易日，上漲到最高 60 元（2021.11.16 最高價），漲幅逾 2 倍，適合用急漲型股票的操作方式。11 月中旬之後，位速的股價走勢開始轉弱：

①11 月 23 日，股價跌破 5 日線且 5 日線下彎（詳見圖 3-❶），

---

註 1：噴出段因為股價較敏感，故條件會較寬鬆。

### 圖3 追買股票後，改以高點回跌點位為賣出訊號
——位速（3508）日線圖

❶❷根據5、10日線支撐，做第1階段賣出；ⓐ 股價重新站上5、10日線，且突破前高；❸股價跌破3個出場價（由高點跌「3%、5%、8%」回推），手中持股全數出清；ⓑ 股價小創新高，但量能不足、開高走低，因此不再買進

註：資料統計時間為 2021.09.06 ～ 2022.01.26
資料來源：XQ 全球贏家

為第 1 批的賣出訊號。

②11月26日，股價跌破10日線且10日線下彎（詳見圖3-❷），為第 2 批的賣出訊號。

　　但是之後經過 6 個交易日，12 月 6 日位速的股價重新站上 5 日線和 10 日線，且當天收盤價 61.7 元，突破 60 元前高，顯示股價走勢重新轉強，為買進訊號（詳見圖 3-a）。

　　出現買進訊號之後，位速的股價立即連續長紅上漲，為噴出段現象，因此採用噴出段操作法，將停利條件從高點分割為「3%、5%、8%」這 3 個比率的原理。若以 12 月 8 日最高價 73.6 元回推，出場價分別是 71.4 元、69.9 元、67.7 元（詳見圖 3 紅線）。而這 3 階段的出場點，也恰好在 12 月 8 日這天出現，故而在當天收盤時，手中持股已全數出清（詳見圖 3-❸）。

　　有人可能會想問，若之後股價又出現反彈，有需要調整賣出訊號嗎？答案是不用。對於噴出段的股票來說，賣出後除非再度出現買訊，否則就不再追回。同樣以位速為例，2021 年 12 月 8 日將持股全數賣出後，2022 年 1 月 3 日雖然股價小創新高（75.5 元，詳見圖 3-b），但是量能不足，且開高走低，不具回補條件，故不再買進。

　　此外，要注意的是，在飆股操作途中，倘若出現「爆天量長黑、爆天量長上影線、頭部型態、20 日線下彎」等技術訊號，後續都容

易出現大幅度的下跌。

故而當這些訊號出現時，應該先退場觀望，靜待股價修正落底，短時間不宜再進場。直到出現大幅度修正完畢，打底整理，回到新的多頭初升段循環，再尋找新的交易機會。

## 重點3》對無量跌停的股票做「預防」和「治療」

在上一本書《專買黑馬股　出手就賺 30%》中第 252 ～ 268 頁曾提到，停損 4 種常用的策略和工具為「技術面、時間波、絕對值、生活面」。其中，我覺得最好的停損機制是「技術面停損法」，它是最有效率，而且明確的工具（詳見圖 4）。

由於停損策略和工具在《專買黑馬股　出手就賺 30%》已有詳細說明，故此處不再贅述。不過關於停損部分，有一些重要的觀念和技巧，想做一些補充。

股票投資像下棋一樣，不可能每一盤棋，都很幸運能遇到容易贏的棋局，有時也會遇到手氣不好的時候，選錯標的。但是如何能夠將一盤壞棋，損失降到最低，甚至能反敗為勝，那才是更重要的；

埋怨怎麼這麼倒楣,是無濟於事的。

　　基本上,使用技術分析只要守紀律,可以說是風險係數很低的操作方式。但凡事有利必有弊,技術分析最怕碰到「積極強勁的賣盤」。當股票當日下跌 10%,最終股價收盤在最低價,稱之為「跌停」。倘若當天是一價到底,完全沒量或超低量,這種情況更加可怕,稱為「無量跌停」。在無量跌停的當下,基本上就會動彈不得,想出也出不掉,所以「無量跌停」可以說是技術分析的一大罩門。

　　那面對「無量跌停」,投資人應該要怎麼做呢?很簡單,可以分為「預防」和「治療」2 種處理方法:

## 預防》避開股性活潑的股票

　　什麼叫做「預防」呢?就是避開股性活潑的股票。當 1 檔股票過去成交量低,而且常常出現跳空缺口、長上下影線、長紅長黑,就代表這一類股票股性活潑,日後也容易再發生類似的技術面現象。

　　以生醫股保瑞(6472)為例,在 2021 年 4 月到 5 月之間,極短的 1 個月內,就出現多天劇烈漲跌,像是出現跳空缺口(詳見圖 5-❶、❸)、長黑 K 棒,而且是開漲停收跌停(詳見圖 5-❷)、長

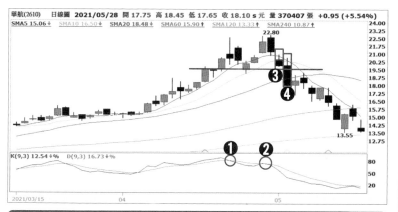

### 圖4 用技術面停損法，有效率地賣出持股
── 華航（2610）日線圖

❶KD死亡交叉的賣訊；❷KD黃金交叉失敗的賣訊；❸股價跌破5日線且5日線下彎；❹股價跌破10日線且10日線下彎＋跌破小頭部頸線（紅色水平線）

註：資料統計時間為 2021.03.15 ～ 2021.05.17
資料來源：XQ 全球贏家

紅 K 棒（詳見圖 5-❹），顯見它是一檔股性很活潑的股票。既然如此，後續保瑞再頻繁出現跳空缺口，也就不令人意外了。

因此，面對這一類股票，要不就是對它敬而遠之，要不就是真的

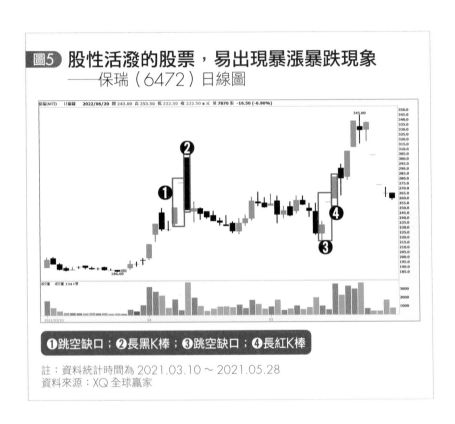

**圖5** 股性活潑的股票，易出現暴漲暴跌現象
——保瑞（6472）日線圖

❶跳空缺口；❷長黑K棒；❸跳空缺口；❹長紅K棒

註：資料統計時間為 2021.03.10 ～ 2021.05.28
資料來源：XQ 全球贏家

買了以後，對股票的激烈漲跌，以平常心看待。但如果可以，我會
建議大家避開這種股性活潑的股票。

## 治療》回到「趨勢、位階、型態」3個基本元素

**圖6 跌停打開且股價仍在支撐區上方，可稍作觀望**
——保瑞（6472）日線圖

❶股價突破後又重回盤整區，為假突破；❷出現急跌的第1天；❸跌停打開

註：資料統計時間為 2021.03.10 ～ 2021.05.28
資料來源：XQ 全球贏家

有時候即使經過篩選，買到的股票還是發生無量跌停，此時就需要進行「治療」。

至於該怎麼做呢？此時必須回到「趨勢、位階、型態」3 個基本

元素，同樣用保瑞作為示範。

　　保瑞在 2021 年 4 月突破後不久隨即回到盤整區間（詳見圖 6 紅框），視為「假突破」（詳見圖 6-❶）。5 月中旬的趨勢是多頭回檔，位階不高不低，型態屬於突破盤整區的回測。

　　在出現急跌的第 1 天（2021.05.25，詳見圖 6-❷），隔天又連續跌停，按照正常情況都無法有任何作為的。

　　之後 5 月 28 日，當跌停打開時，已經到盤整區上方（詳見圖 6-❸）。由於這裡是重要支撐區，容易出現止跌現象，倘若賣出，容易賣在相對低點，所以可以先稍作觀望。

　　不過這是以保瑞為案例，如果之後大家碰到飆股的跌停打開，卻沒有明顯的型態或是支撐時，無論如何還是要先做部分處置會比較安全。

# 進階篇
## 學會完整版策略

# 掌握8工具＋5原則
### 3-1
# 靈活運用跌破支撐法

　　將第 2 章介紹的飆股操作法內容消化完畢,有了基礎之後,接著就可以將內容再提升到另一個階段,也就是將飆股操作法的使用工具擴大和延伸,架構出完整的跌破支撐法。

## 工具》學會應用8種常見技術分析

　　我在前面自序裡有提到,跌破支撐法的本質,是一種「移動式停利」和「移動式停損」思維,「當技術面的發動點出現就買進,當技術面賣出訊號出現時就賣出」,交易模式相對靈活,但是難度也比較高。

　　由於跌破支撐法完整版需要綜合很多技術分析工具,所以下面我先幫大家介紹一下技術分析的相關知識,之後再和大家介紹跌破支

撐法該如何運用：

　　對於投資有一定了解的人都知道，市面上的技術分析工具多達上百種，從簡單的 K 棒到複雜的布林通道、DMI 指標、威廉指標等都有，而跌破支撐法中，較常用到的技術分析工具相對簡單，只有「盤中漲跌、K 棒、價量關係、均線、乖離率、KD 指標、MACD 指標、型態學」這 8 種。

　　由於這 8 種技術分析工具在坊間的書籍其實都已經有很大量的論述，所以這邊太入門的基礎理論部分我就不多說，直接切入應用的教學：

## 1.盤中漲跌

　　每天股票盤中的漲跌，是所有技術分析工具中最短線的工具，也是投資人的第 1 道防線。不過，一般盤中漲跌 3% 以內不用太在意，都可以視為小紅小黑。3% 以上的漲跌幅，才比較具備判斷當天多空的意義，所以在 2-5 才會直接用「高點回跌 3%」作為噴出段第 1 批的賣出訊號。而 5% 的漲跌幅，多空意義自然又比 3% 更強。8% 則是已經等同於漲跌停的意義了，當天多空的強度是最大的（詳見圖 1）。

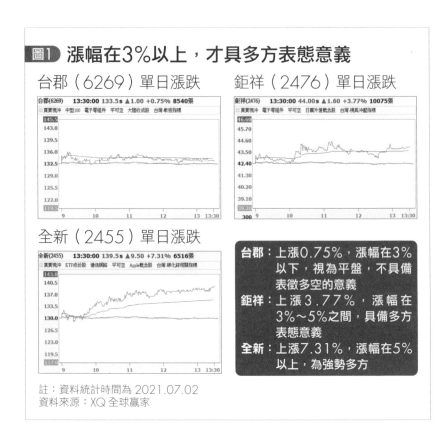

**圖1** 漲幅在3%以上，才具多方表態意義

台郡（6269）單日漲跌　　鉅祥（2476）單日漲跌

全新（2455）單日漲跌

台郡：上漲0.75%，漲幅在3%
　　　以下，視為平盤，不具備
　　　表徵多空的意義
鉅祥：上漲3.77%，漲幅在
　　　3%～5%之間，具備多方
　　　表態意義
全新：上漲7.31%，漲幅在5%
　　　以上，為強勢多方

註：資料統計時間為 2021.07.02
資料來源：XQ 全球贏家

## 2.K棒

　　盤中漲跌會在單一根 K 棒中顯現出各種樣貌，但是只要漲跌在 3% 以下，其實都可以視為小紅小黑，漲跌 3% 以上，出現長上影線、

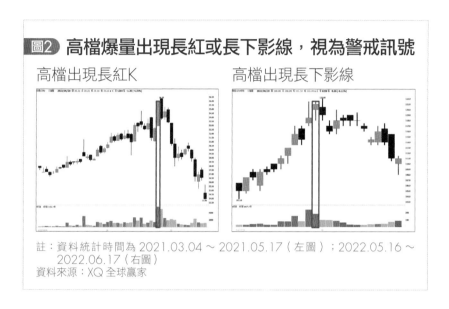

**圖2 高檔爆量出現長紅或長下影線，視為警戒訊號**

高檔出現長紅K　　　　　　高檔出現長下影線

註：資料統計時間為 2021.03.04 ～ 2021.05.17（左圖）；2022.05.16 ～
　　2022.06.17（右圖）
資料來源：XQ 全球贏家

長下影線、長紅、長黑等現象，才具備高檔的賣出訊號跟條件。

　　高檔爆量如果出現長紅、長下影線，雖然單日表現是多方，但是
出現在高檔仍有出貨的風險，視為警戒訊號（詳見圖2）。如果3
日內股價不能創新高，就要小心有多頭力竭的可能，所以積極者可
以續抱觀察，保守者可以微幅減碼。

　　倘若一樣是高檔爆量，但是卻出現長黑或長上影線，就已經確定

走弱，當天已經是積極減碼的訊號（詳見圖 3）。

# 3.價量關係

價量關係指的是股價和成交量之間的關係，其中量能部分的觀察重點在於「爆量現象」以及「高檔背離」，分別介紹如下：

①**爆量現象：**大型股爆大量的定義是「單日成交量在 10 日均量的 1.3 倍以上」，中小型股則是「單日成交量在 10 日均量的 3 倍以上」，但這只是一般原則，仍要觀察個別股的過去表現，有些大型股單日成交量在 10 日均量的 1.5 倍以上、中小型股單日成交量在 10 日均量的 5 倍以上才是爆量，本書是以後者（大型股 1.5 倍／中小型股 5 倍）為標準。

高檔爆大量如果又搭配上一個段落提到的關鍵 K 棒，像是長黑、長上影線、長紅、長下影線等，就會出現不同的多空意義，可一起搭配觀察。

那為什麼量能這麼重要呢？股市中有一句老話：「價格可以做假，量能沒辦法做假。」意思是說，只要公司在外流通股票的張數有限，價格很好拉抬，甚至能夠拉抬到不合理的價格，但是量能必須用真

**圖3** 高檔爆量出現長黑或長上影線，是減碼訊號

高檔爆量出現長黑

高檔爆量出現長上影線

註：資料統計時間為 2021.01.25 ～ 2021.05.19（左圖）；2021.02.03 ～ 2021.05.17（右圖）
資料來源：XQ 全球贏家

金白銀去買，成交量 1 萬張就是要花 1 萬張的錢，成交量 10 萬張就是要花 10 萬張的錢，假不了的。所以，當主力在低檔布局吃了 10 萬張籌碼，最後出貨也要賣出 10 萬張籌碼，才是真正獲利。而這一買一賣，必然呈現在成交量上，假不了的。所以當高檔爆大量時，必然代表原本手中有持股的人，在相對高的位置賣掉股票，這是絕對騙不了人的。

②**高檔背離**：高檔背離是價量背離的一種，而價量背離這一塊在

2-4 已經有說明，這邊只提重點，就是「高檔背離出現 1 到 2 次很常見，但若是出現 3 次以上，股價下跌的風險就很高」。

以光學鏡頭大廠大立光（3008）為例，在 2018 年 4 月到 7 月之間出現 3 次高檔背離現象（詳見圖 4-❶、❷、❸），之後沒多久，股價就從 2018 年 8 月 1 日最高價 5,330 元，跌至 2018 年 11 月 13 日最低價 2,875 元，跌幅高達 46%。

再者，高檔背離是警訊而非賣訊，必須等到有短線轉折訊號出現，才是賣出的時候，不然太早賣出持股容易錯失末升段，甚至噴出段行情。

價量背離的上漲，其實很像跑馬拉松的感覺。猶如看到一個馬拉松選手，一開始起跑時體力充沛，從起跑點就開始衝刺，結果愈接近終點，愈沒有力氣。眼看著隨時要力竭倒地，仍一直咬牙撐住。可是一旦到了終點，就會像洩氣的皮球，整個人癱倒在地。

就像 2021 年第 4 季，我在觀察台股大盤走勢時發現，加權股價指數（TSE）跟櫃買指數（OTC）雖然看起來跑得很吃力（已出現價量背離），但還是在跑。當時我常和朋友說，只要加權股價指數

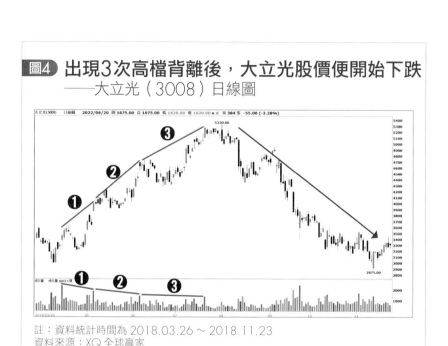

**圖4** 出現3次高檔背離後，大立光股價便開始下跌
——大立光（3008）日線圖

註：資料統計時間為 2018.03.26 ～ 2018.11.23
資料來源：XQ 全球贏家

或櫃買指數的 5 日線沒有跌破下彎、沒有出現爆量長黑或是上影線之前，就會一直撐住。但是，當有一天癱倒時，要記得趕快離場。

事後來看，果真和我預測的一致，加權股價指數自 2022 年 1 月跌破 5 日線且 5 日線下彎後沒多久，股價就開始不斷下跌。倘若投資人沒有在 5 日線跌破下彎當下即時離場，就很容易受傷。

## 4.均線

均線代表過去一段時間的平均成交價格。交易時我會觀察的均線，通常是以 3 日線、5 日線、10 日線、20 日線為主，而 60 日線、120 日線和 240 日線則是用來作為趨勢判斷，不會作為買賣的依據，因為不論是幾日均線，都是相對落後的指標。

均線的延伸應用，可以參考葛蘭碧八大法則（註 1），其中上揚均線是支撐，即使跌破也容易是假跌破，因此賣出條件的設定，必須是跌破均線且均線下彎。

均線跌破下彎的方式，大致可分為 2 種：

第 1 種是由短天期均線到長天期均線，依序跌破下彎。以驅動 IC 廠晶宏（3141）為例，從圖 5 中可以看出，它的均線依序下跌：

① 2021 年 4 月 9 日，出現 3 日線跌破，且 3 日線下彎（詳見圖 5-❶）。

---

註 1：葛蘭碧八大法則是將股價與移動平均線之間的變化，歸納出「突破、支撐、假跌破、反彈、跌破、壓力、假突破、反轉」等 8 種不同情形。

---

**圖5** 均線由短天期到長天期，依序跌破下彎
——晶宏（3141）日線圖

❶出現3日線跌破，且3日線下彎；❷出現5日線跌破，且5日線下彎；❸出現10日線跌破，且10日線下彎；❹出現20日線跌破，且20日線下彎

註：資料統計時間為 2021.03.04 ～ 2021.05.17
資料來源：XQ 全球贏家

　②2021 年 4 月 12 日，出現 5 日線跌破，且 5 日線下彎（詳見圖 5-❷）。

　③2021 年 4 月 14 日，出現 10 日線跌破，且 10 日線下彎（詳見圖 5-❸）。

④ 2021 年 4 月 22 日,出現 20 日線跌破,且 20 日線下彎((詳見圖 5-❹)。

第 2 種則是盤整且均線糾結後,短天期和長天期多條均線同時跌破。以 IC 設計服務廠世芯 -KY(3661)為例,2021 年 3 月～ 4 月間,世芯 -KY 盤整接近 4 週的時間(詳見圖 6 紅框),因此 5 日線、10 日線和 20 日線都糾結在一起。之後股價跌破盤整區時,股價同時跌破這 3 條均線且均線下彎。

## 5.乖離率

乖離率通常會搭配均線(設定參數為 20)一起使用,也就是計算股價與 20 日線之間的距離,是否太大。

依照葛蘭碧八大法則,當正乖離(股價在 20 日線之上)過大時,由於投資人獲利區間大,會出現獲利了結的賣壓,因此正乖離率過大時,也是一種短線的賣出條件。

至於乖離率在什麼情況下,才算是過大呢?首先,要觀察近 3 年,甚至 5 年以上,過去乖離率的變化,將相對高的乖離端點相連成一線,這個位置就是過去乖離過大的位置,我自己習慣將之稱為「歷

## 圖6 股價盤整且均線糾結後，多條均線同時跌破
### ──世芯-KY（3661）日線圖

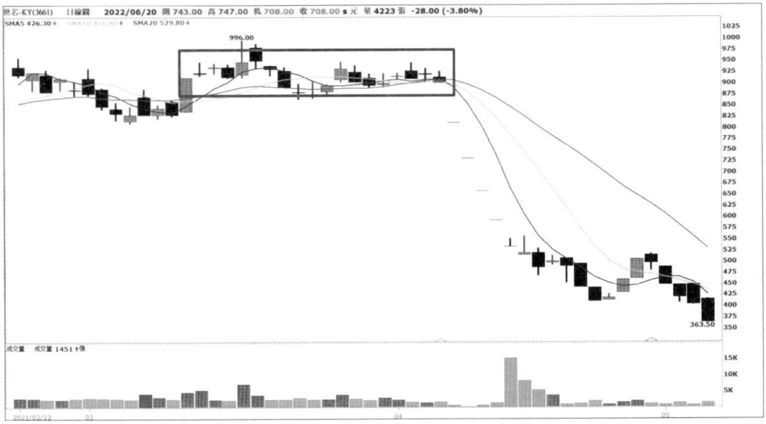

註：資料統計時間為 2021.02.22 ～ 2021.05.06
資料來源：XQ 全球贏家

史乖離」。

　　個別股票的「歷史乖離」會不太一樣，大型股的歷史乖離率可能
在 5% ～ 10% 之間，中小型股的歷史乖離率則往往在 15% 以上，
甚至更大都可能出現。而且正乖離與負乖離不見得對稱，所以每一
檔股票都必須個別評估（詳見圖 7）。

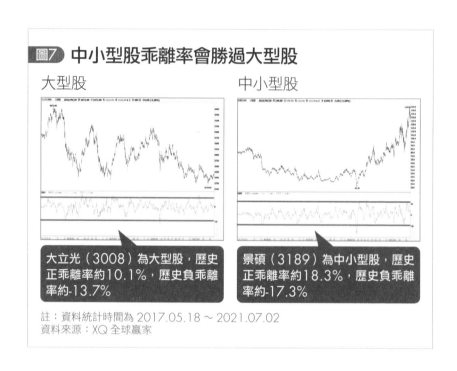

**圖7 中小型股乖離率會勝過大型股**

大型股　　　　　　　　　中小型股

大立光（3008）為大型股，歷史正乖離率約10.1%，歷史負乖離率約-13.7%

景碩（3189）為中小型股，歷史正乖離率約18.3%，歷史負乖離率約-17.3%

註：資料統計時間為 2017.05.18 ～ 2021.07.02
資料來源：XQ 全球贏家

# 6.KD指標

　　KD 指標是一般人最熟知的簡易指標，屬於短線工具，通常可以和 5 日均線一起作為同步觀察和確認的工具，兩者幾乎是同時出現。

　　只要股價跌破 5 日線，且 5 日線下彎，通常會伴隨 KD 死亡交叉，也是短線的賣出訊號。

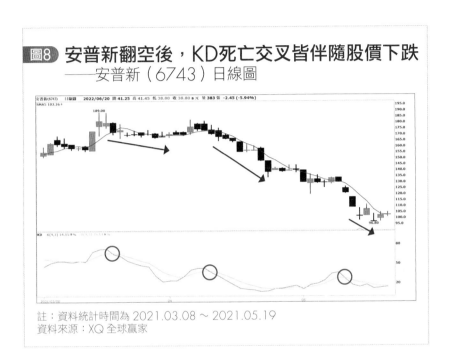

**圖8** 安普新翻空後，KD死亡交叉皆伴隨股價下跌
——安普新（6743）日線圖

註：資料統計時間為 2021.03.08 ～ 2021.05.19
資料來源：XQ 全球贏家

　　以電聲元件廠安普新（6743）為例，在2021年3月～5月之間，當趨勢由多頭高檔轉弱及正式翻空之後，每一次的 KD 死亡交叉，都是有效率的賣出訊號（詳見圖 8 紅圈）。

## 7.MACD指標

　　MACD 屬於中期指標，只要 MACD 跌落零軸，表示中期趨勢已

經翻空。通常 MACD 可以和 20 日線作為同步觀察和確認工具，兩者幾乎是同時出現。只要股價跌破 20 日線，且 20 日線下彎，通常會伴隨 MACD 跌落零軸，也是中期的賣出訊號。

不過，MACD 雖然也納入跌破支撐的賣訊之一，但實務上比較建議將之視為確認工具，因為當 MACD 滑落零軸以下時，股價往往至少已經有 15% 以上的跌幅，屬於相對落後的工具。

以安控廠奇偶（3356）為例，在 2021 年 5 月 7 日，當 MACD 滑落零軸以下時（詳見圖 9 紅圈），股價已經從 2021 年 4 月 27 日最高價 36.3 元高點跌至 30.05 元（2021 年 5 月 7 日收盤價），跌幅將近 2 成。

## 8.型態學

型態學是指根據 K 線圖走勢所形成的圖形，像是 M 型頭、V 轉等來辨識出股價目前的行為，讓投資人可依此推測出股價未來可能的發展方向。

而跌破支撐法中，型態學首重「頭部型態」，舉凡 K 線圖出現雙重頂、頭肩頂、多重頂、弧形頂等，都包含在內。當頭部的頸線跌

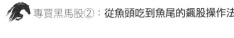

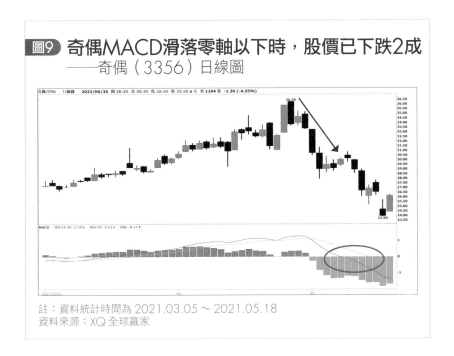

**圖9** 奇偶MACD滑落零軸以下時，股價已下跌2成
——奇偶（3356）日線圖

註：資料統計時間為 2021.03.05 ～ 2021.05.18
資料來源：XQ 全球贏家

破時，做頭確立，往往股價會有一波跌勢，是中期的賣出訊號。

　　不過，和 MACD 一樣，雖然「跌破頭部頸線」也納入跌破支撐的
賣訊之一，但是實務上，比較建議將之視為確認工具。因為當做頭
確立之前，股價往往至少已經有 15% 以上的跌幅，屬於相對落後的
工具。

以被動元件廠禾伸堂（3026）為例，在 2018 年 5 月至 7 月之間出現 M 字頭型態，之後股價從 2018 年 7 月 5 日的最高價 301 元跌到頸線位置（詳見圖 10 紅色水平線），大約是 190 元左右，跌幅已經接近 4 成，屬於很落後的指標。倘若原先購入成本較高，等 190 元跌破時，可能已經不賺反大賠了。

## 原則》依照股價位階、成本、股性等微調操作策略

前面 8 項指標，就是跌破支撐法會用到的技術分析工具。下面，我會教大家該如何靈活運用這些技術分析工具。

### 買點》股價位階愈高，買進或賣出張數愈少

先來看跌破支撐法的買點。跌破支撐法的買進其實相對寬鬆，可能突破小盤整區，可能一根長紅大量、可能 KD 黃金交叉，就作為買進訊號。由於這是飆股操作法的升級版，變化更為靈活，所以在張數調節和比例上，可由投資人自行設定，只要把握住飆股操作法中，「股價位階愈高，買進／賣出張數愈少」的原則即可。

### 賣點》多頭看支撐，不看壓力

至於跌破支撐法的賣點則會較為複雜，在繼續介紹之前，要先補

## 圖10 M字頭確認時，股價從最高點跌幅已近4成
—— 禾伸堂（3026）日線圖

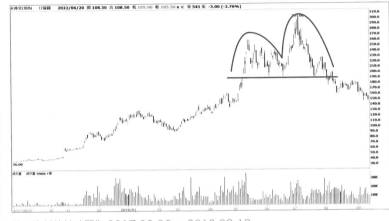

註：資料統計時間為 2017.08.25 ～ 2018.09.12
資料來源：XQ 全球贏家

充一個很重要的觀念，那就是「多頭看支撐，不看壓力。」無論是飆股操作法或跌破支撐法，其實都來自於這個核心精神。

在多頭格局時，大家會常常聽到有人呼籲，「看支撐，不看壓力。」這句話是什麼意思呢？在多頭市場時，由於買方的力量大於賣方的力量，買盤湧進使得股價持續墊高，因此推升股價。但是當股價漲

多時，也免不了會有獲利了結的賣壓，此時賣方的力量就會大於買方的力量，於是股價會回檔整理。而回檔到一定位置時，如果市場多數人仍看好，就會出現逢低承接的有效買盤，股價就會止穩，就是我常說的「支撐」。

由於是多頭格局（尤其是股價創中長期新高，甚至歷史新高的個股），此時的賣方只是獲利了結的賣壓，而非虧損的解套賣壓，也非主力出貨（只要沒有高檔爆量），因此賣壓不會很重。

此外，依照技術線型來說，只要支撐沒跌破，短線轉折沒出現，多頭架構也不會被破壞，因此只要守住支撐，就是持續多頭不變。所以一些比較資深的前輩常常說：「多頭格局，見壓不是壓，遇撐多有撐。空頭格局，見撐不是撐，遇壓多有壓。」

實務上，可以作為支撐的工具很多，舉凡單一根大量 K 線、漲幅 5% 以上的缺口、期間最大量、均線、前波高低點……。其中最常用來作為支撐工具，也最容易上手的，就是單一根大量 K 線及均線。

以單一根大量 K 線來說，投資人可以用單一根大量 K 線的實體中間值作為多空分界，短線上只要沒跌破這個位置，短多格局就不會

改變。

另外，均線方面，正常多頭結構最強勢的股價走勢就是沿 5 日線上攻，甚至有些飆股在末升段時，是沿 3 日線上攻，此時 3 日線或 5 日線就是有效支撐，只要股價尚未跌破 3 日線或 5 日線，都視為多頭。而穩健型的中期多頭、大型股、指數，通常會守 10 日線，只要 10 日線沒有跌破，中期多頭就不會改變。

至於 20 日線，我個人通常將之視為趨勢工具或確認工具，而不會作為交易工具。因為等 20 日線跌破時，其實股價往往早就已經先跌一波，此時做減碼或停損，反而已經嚴重落後。

如果單一根大量 K 線、漲幅 5% 以上的缺口、期間最大量、均線、前波高低點……，當中有多項工具提供的訊號和點位重疊，那就代表該位置是更有效的支撐，也是觀盤時的防守點和多空轉折的關鍵。

相信大家看到這邊，慢慢的會出現熟悉感，原來本書的前半冊，就是來自上述的這些觀念跟原理。有了「多頭看支撐，不看壓力。」這個觀念，以及熟悉飆股操作法之後，接下來會利用 2 個案例將上述的技術工具，及由短而長的賣出訊號，整合在 1 張圖，讓大家做

比對，這也就是跌破支撐法的全貌。

## 案例1》國巨（2327）

2021 年 1 月 8 日，國巨出現高檔價量背離，是高檔轉弱的領先指標（詳見圖 11-❶）。但價量背離可能出現 2 到 3 次，並非賣訊，只要保持警戒即可，否則容易錯失末升段行情。

2021 年 1 月 12 日前後，出現正乖離過大（註 2，詳見圖 11-❷），但乖離過大只是短線過熱，不是積極賣出訊號。成本低且張數多者，可先小額減碼，但不宜全部離場，容易錯失末升段行情。

2021 年 1 月 21 日，KD 指標出現死亡交叉，而且脫離 80 以上的鈍化區，在本次案例中，是第 1 個出現的短線賣出訊號（詳見圖 11-❸）。

2021 年 1 月 25 日，出現高檔上影線，但只是大量，還不算爆量，

---

註 2：國巨 2021 年 1 月 11 日正乖離率為 15.61%、1 月 13 日正乖離率為 16.03%，而觀察國巨過去幾年的乖離走勢來看，歷史正乖離率 15% 以上就是過大。

## 圖11 國巨KD死亡交叉且脫離鈍化區，為第1個賣訊
### ──國巨（2327）日線圖

❶2021年1月8日出現高檔價量背離，為警戒訊號；❷1月12日前後出現正乖離過大，顯示短線過熱；❸1月21日出現KD死亡交叉，且脫離80以上的鈍化區，為短線賣出訊號；❹1月25日出現高檔上影線，但還不算爆量；❺1月26日股價跌破5日線，且5日線下彎，為短線離場訊號；❻1月27日股價跌破10日線，且10日線下彎，為短線離場訊號；❼2月26日股價跌破20日線，且20日線下彎，為中期離場訊號；❽3月16日MACD翻到零軸以下，為中期賣出訊號；❾5月3日正式做頭，為中期且積極的賣出訊號；❿5月10日股價反彈到頸線後，出現續跌現象，為最後減碼機會

註：資料統計時間為 2020.12.08 ～ 2021.05.13
資料來源：XQ 全球贏家

可視為保守的離場訊號（詳見圖 11-❹）。

　2021 年 1 月 26 日，跌破 5 日線，且 5 日線下彎，為短線離場訊號（詳見圖 11-❺）。

　2021 年 1 月 27 日，跌破 10 日線，且 10 日線下彎，為短線離場訊號（詳見圖 11-❻）。

　2021 年 2 月 26 日，跌破 20 日線，且 20 日線下彎，為中期離場訊號（詳見圖 11-❼）。

　2021 年 3 月 16 日，MACD 翻到零軸以下，為中期賣出訊號，但已經是相對落後的訊號（詳見圖 11-❽）。

　2021 年 5 月 3 日，跌破頭部（弧形頂）頸線（詳見圖 11 紅色水平線），正式做頭，為中期且積極的賣出訊號，但已經是相對落後的訊號（詳見圖 11-❾）。

　2021 年 5 月 10 日，反彈到頸線後，出現續跌現象，為最後減碼機會（詳見圖 11-❿）。

## 案例2》台積電（2330）

2019 年 4 月 19 日，台積電高檔出現長黑且有爆量現象，視為最短線的離場訊號（詳見圖 12-❶）。

2019 年 4 月 24 日，出現高檔價量背離，是高檔轉弱的領先指標（詳見圖 12-❷）。但價量背離可能出現 2 ～ 3 次，並非賣訊，只要警戒即可，否則容易錯失末升段行情。

2019 年 4 月 24 日前後，出現正乖離過大（註 3），但乖離率過大只是短線過熱，不是積極賣出訊號，成本低且張數多者可先小額減碼，但不宜全部離場，易錯失末升段行情（詳見圖 12-❸）。

2019 年 4 月 26 日，KD 死亡交叉，且脫離 80 以上的鈍化區，是短線賣出訊號（詳見圖 12-❹）。此日股價也跌破 5 日線，且 5 日線下彎，為短線離場訊號（詳見圖 12-❺）。

2019 年 5 月 2 日，跌破 10 日線，且 10 日線下彎，為中期離

---

註 3：台積電2019年4月23日正乖離率為6.04%、4月24日正乖離率為5.86%，而觀察台積電過去幾年的乖離走勢來看，歷史正乖離率 5% 以上就是過大。

場訊號（詳見圖 12- ❻）。

2019 年 5 月 9 日，跌破頭部（M 型頭）頸線（詳見圖 12 紅色水平線），正式做頭，為中期且積極的賣出訊號，但已經是相對落後的訊號（詳見圖 12- ❼）。

2019 年 5 月 10 日，反彈到頸線後，出現續跌現象，為最後減碼機會（詳見圖 12- ❽）。

2019 年 5 月 13 日，跌破 20 日線，且 20 日線下彎，為中期離場訊號（詳見圖 12- ❾）。

2019 年 5 月 17 日，MACD 翻到零軸以下，為中期賣出訊號，但已經是相對落後的訊號（詳見圖 12- ❿）。

## 投資人初布局時，應先守最短線的支撐

上述兩個案例，都是長天期股價上漲到高點，最後先從短線翻空，接著中期翻空，然後才下跌的案例，但倘若是出現連續急漲，甚至噴出段現象，就不適合用這個方法，而是直接改用噴出段操作法，這樣才可以賣在最高點。

## 圖12 台積電高檔出現長黑且爆量時，為第1個賣訊
——台積電（2330）日線圖

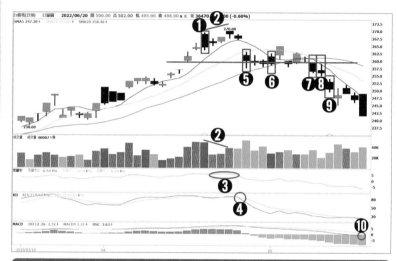

❶2019年4月19日，高檔出現長黑且有爆量現象，視為最短線的離場訊號；❷4月24日出現高檔價量背離，是高檔轉弱的領先指標；❸4月24日前後出現正乖離過大，顯示短線過熱；❹4月26日KD死亡交叉，且脫離80以上的鈍化區，是短線賣出訊號；❺4月26日股價跌破5日線，且5日線下彎，為短線離場訊號；❻5月2日股價跌破10日線，且10日線下彎，為中期離場訊號；❼5月9日股價跌破頭部頸線，正式做頭，為中期且積極的賣出訊號；❽5月10日股價反彈到頸線後，出現續跌現象，為最後減碼機會；❾5月13日股價跌破20日線，且20日線下彎，為中期離場訊號；❿5月17日MACD翻到零軸以下，為中期賣出訊號

註：資料統計時間為 2019.03.18 ～ 2019.05.17
資料來源：XQ 全球贏家

由短線到長線的賣出訊號，大致上是有規律的，通常是短天期賣出訊號先出現，中天期賣出訊號再出現，長天期賣出訊號再出現，這是不會有什麼爭議的。

但是同為短天期的賣出訊號工具，順序可能會一前一後互換，有時會重疊，例如乖離率過大和長黑 K 棒爆量，誰先出現，就不一定，但是短天期的賣出訊號（像是 KD 死亡交叉），一定會比中期的賣出訊號（像是 20 日線跌破且下彎）提早出現。

此外，上述的各種工具，在個股由多頭轉空頭的過程中，也不見得都會出現。KD 死亡交叉、MACD 翻到零軸以下、均線下彎等，一定會出現，但高檔長黑 K 棒、高檔長上影線、歷史乖離率過大、高檔爆量、高檔價量背離，這些現象則不見得一定會發生。

看到這邊，投資人一定會想問，有這麼多的賣出訊號，究竟該選哪一個呢？這部分就和飆股操作法一樣，關鍵在於成本。當投資人的買進成本愈低時，就有條件選擇愈長線的工具；當投資人的買進成本較高時，那麼選擇的支撐工具就必須相對短。

由於跌破支撐法，是在沒有目標參考價時，才使用的策略，因此

當投資人剛布局時,都必須先守短線的支撐,等到股價上漲一定的幅度,漸漸脫離成本區時,才可以切換至較長的工具(註 4)。比方説一開始,一定是緊盯每天盤中的漲跌幅、大量 K 棒;等到股價上漲之後,可以切換到防守 5 日線和 KD,股價再繼續上漲之後,可以切換到 10 日線,甚至 20 日線。

為什麼要將賣出訊號切換到較長天期工具呢?因為倘若是一個長多頭格局,在行進過程中,極短線跟短線的支撐,有時候難免會跌破,所以這時候如果不切換到中長期的工具,很容易就會跌破支撐而賣出。

但如果守的支撐較長,遇到長多頭時,就有機會續抱到相對高的位置。當然與飆股操作法一樣,跌破支撐法也可以使用分批賣出的混合策略,比方將股票分為 3 批,都是可以的。

其實不論是跌破支撐法,或是簡化後的飆股操作法,主要精神不

---

註 4:這裡是假設當你買進之後,一直都沒有出現賣出訊號。例如你最初是在股價 100 元時買進,之後若股價漲到 110 元,當然守短天期支撐。但是倘若之後一直都沒有賣出訊號,股價順勢上漲到 150 元,那你可以將短天期支撐,切換成長天期支撐,例如本來守 5 日線,之後可以改守 10 日線。

外乎以下 5 個原則：

1. 股價位階愈高，持股資金比重愈低，用持股資金控制風險。
2. 股價位階愈高，持股張數愈低，用持股張數控制風險。
3. 成本愈低，作為賣出訊號的工具可以愈長線；成本愈高，作為賣出訊號的工具要愈短。
4. 急漲就會急跌，所以使用的工具要短；緩漲就會緩跌，使用的工具可以稍微長一點。
5. 當猶豫不決時，「分批進出場」永遠是上策。

投資人只要能把握上述這 5 個原則，就可以靈活運用飆股操作法和跌破支撐法。

**結合2種操作法**
**極大化利潤、降低風險**

　　前面第 2 章和 3-1 已經將飆股操作法及完整的跌破支撐法說明清楚，接下來就要進入本書最高階的部分，也是我認為最完美的操作架構，那就是將「目標價停利法」以及「跌破支撐法」結合在一起，可以分段使用，也可以混合使用。

　　例如你可以在初升段使用「目標價停利法」，主升段或末升段使用「跌破支撐法」；這樣一來，初升、主升、末升段都可以完全參與，且可以讓利潤極大化，而風險又降到最低。

## 目標價停利法》用等距漲幅理論，設算出場區間

　　先來看「目標價停利法」。目標價停利法是先設定一個「目標價」，之後等到股價漲到這個目標價附近時，就先停利出場。但要記住的

是，這裡的目標價並非生硬的數字，而是一個概算數值，或者也可以視為是一個目標區間。不過，由於股價會受到整體市場多空氛圍、盤中買賣力道、投資人心態等有所變化，所以投資人千萬不要受限於目標價框架，價格差不多就可以了。

我在上一本書《專買黑馬股 出手就賺 30%》裡，有花許多篇幅在談論目標價停利法，所以這裡就只簡單幫大家複習一下。

## 1.買進條件

目標價停利法的買進條件共有 3 個，分別是：「週 KD 出現黃金交叉」、「股價站上 20 日線，且 20 日線上揚」、「帶量突破底型頸線」，3 個條件都必須滿足才能買進。

以期元大 S&P 石油（00642U）為例，可以先用週線圖觀察，發現週 KD 在 2020 年 11 月初附近出現黃金交叉（詳見圖 1-❶）。接著可繼續觀察 20 日線走勢，切換到日線圖以後發現，2020 年 11 月 20 日，股價已站到 20 日線之上，且 20 日線上揚（詳見圖 1-❷）。

最後，同樣繼續觀察日線圖後發現，2020 年 11 月 24 日，出現

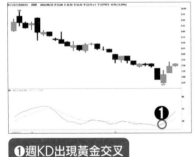 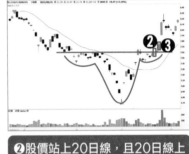

**圖1** **滿足3個買進條件後，投資人可分批入場**

期元大S＆P石油（00642U）
週線圖

期元大S＆P石油（00642U）
日線圖

❶週KD出現黃金交叉

❷股價站上20日線，且20日線上
揚；❸帶量突破底型頸線

註：資料統計時間為 2020.05.11 ～ 2020.11.16（左圖）；2020.08.24 ～
2020.12.04（右圖）
資料來源：XQ 全球贏家

帶量突破底型頸線（詳見圖 1-❸）。由於 2020 年 11 月 24 日 3
個買進條件皆已滿足，投資人可開始分批入場。

## 2.賣出條件

　　與買進條件相比，目標價停利法的賣出條件則相對簡單，可以用
底型估算有效漲幅滿足，之後等到股價上漲到目標價附近，就能進

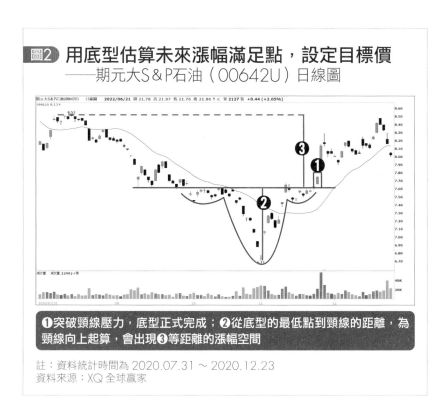

**圖2** 用底型估算未來漲幅滿足點，設定目標價
——期元大Ｓ＆Ｐ石油（00642U）日線圖

❶突破頸線壓力，底型正式完成；❷從底型的最低點到頸線的距離，為頸線向上起算，會出現❸等距離的漲幅空間

註：資料統計時間為 2020.07.31 ～ 2020.12.23
資料來源：XQ 全球贏家

行賣出。

　　同樣以期元大Ｓ＆Ｐ石油為例，當突破頸線壓力，底型正式完成（詳見圖 2-❶），此時便可以用反轉圖形的等距漲幅理論，估

算未來上漲幅度滿足點。從底型的最低點到頸線的距離（詳見圖2-❷），就是之後從頸線向上起算，會出現等距離的漲幅空間（詳見圖2-❸）。

## 跌破支撐法》買進條件寬鬆，但賣出條件較嚴格

跌破支撐法在本書前面幾章已有完整說明，這裡同樣幫大家簡單複習一下。

跌破支撐法與目標價停利法相比，它的買進條件其實是相對寬鬆的，可能是股價突破小盤整區，可能一根長紅大量、可能 KD 出現黃金交叉，就作為買進訊號，但也正因為跌破支撐法的買進條件相對寬鬆，所以賣出條件就必須比較嚴格，必須由短而長設定很多縝密的條件。之所以將跌破支撐法的賣出訊號設得比買進訊號更多，就是希望投資人可以嚴格執行出場策略。

另外，投資人容易因為抱過飆股的大漲甜蜜段，所以經常捨不得賣股。但是超漲的飆股，回檔的速度往往也會很快，如同煙火般。因此，使用跌破支撐法時，當出場訊號一出現，就要果斷減碼，才不會把帳面獲利又吐回去。

# 從3案例了解如何混用2投資策略

若將目標價停利法和跌破支撐法拿來比較可以發現，目標價停利法，買進條件很嚴格，賣出條件就相對簡化，而跌破支撐法則剛好相反，買進條件很寬鬆，但賣出條件卻很嚴格。

知道兩者的不同之處後，接下來，我會利用 3 個案例來教大家如何混合使用這 2 種方法。為方便說明，下述案例皆以收盤價為買賣基礎。

## 案例1》中鋼（2002）

鋼鐵股中鋼在 2020 年 3 月至 2020 年 11 月期間，出現長天期W 底（詳見圖 3-❶），依照目標價停利法中的等距漲幅理論（詳見圖 3-❷）可以算出，目標價在 24 元附近（詳見圖 3-❸）。

2020 年 11 月 11 日，中鋼出現帶量長紅底型突破，為積極的買進訊號（詳見圖 3-❹、圖 4 藍框）。

2020 年 12 月 14 日，中鋼股價已到目標價 24 元，為保守的賣出條件（詳見圖 4-❶）。

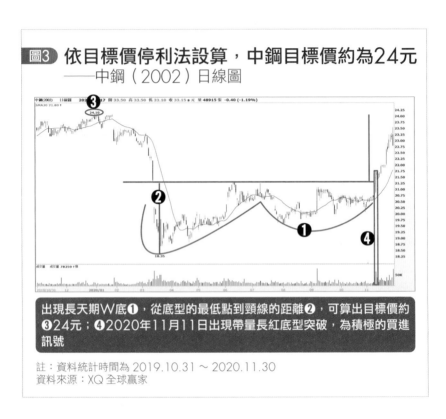

**圖3** 依目標價停利法設算,中鋼目標價約為24元
——中鋼(2002)日線圖

出現長天期W底❶,從底型的最低點到頸線的距離❷,可算出目標價約❸24元;❹2020年11月11日出現帶量長紅底型突破,為積極的買進訊號

註:資料統計時間為 2019.10.31 ~ 2020.11.30
資料來源:XQ 全球贏家

　　2020 年 12 月 22 日,中鋼股價雖然在盤中創下新高,但隨即拉回,且收長上影線黑 K 棒,也可以視為減碼的訊號(詳見圖 4-❷)。

　　2020 年 12 月 28 日,出現 5 日線以及 10 日線與死亡交叉,

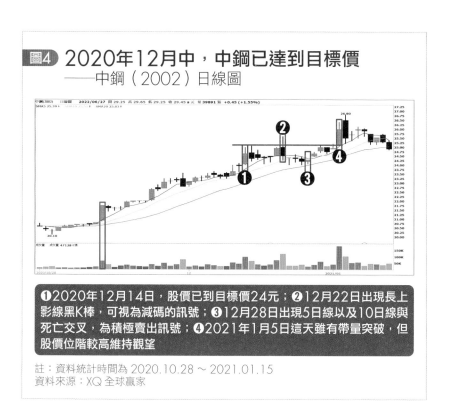

**圖4 2020年12月中，中鋼已達到目標價**
——中鋼（2002）日線圖

❶2020年12月14日，股價已到目標價24元；❷12月22日出現長上影線黑K棒，可視為減碼的訊號；❸12月28日出現5日線以及10日線與死亡交叉，為積極賣出訊號；❹2021年1月5日這天雖有帶量突破，但股價位階較高維持觀望

註：資料統計時間為 2020.10.28～2021.01.15
資料來源：XQ 全球贏家

為積極賣出訊號（詳見圖 4- ❸），底型反轉操作至此告一段落。

　　中鋼底型漲幅完成之後，後續 2021 年 1 月 5 日這天雖有帶量突破（詳見圖 4- ❹），但是由於位階偏高，而且從長天期型態可以觀

察出，中鋼長天期的壓力區間在 26.5 元附近，故暫時維持觀望。隔天（2021.01.06）中鋼股價隨即轉弱，之後股價進行一段時間的修正和整理。

經過一段時間整理，2021 年 4 月 7 日，中鋼再度出現帶量突破前高（詳見圖 5-a）。但考量到長天期壓力（26.5 元，詳見圖 5 紅色水平線），而且只是第 1 天突破，避免有像先前假突破現象，保守者可以暫時不出手，但是列為重點觀察股，積極者可以小額試單。

從圖 5 中可以發現，2021 年 4 月 7 日為第 1 個發動訊號，隔天 4 月 8 日為明確續漲訊號（詳見圖 5-b）。由於先前 2020 年年底時已經使用目標價停利法進行操作，此處改採「跌破支撐法（飆股操作法）」進行操作。

首先，要判斷中鋼是屬於緩漲型還是急漲型飆股。由於起漲點為 26 元左右，股價在短時間沿 5 日線攀升到 36 元，漲幅將近 4 成，故採用急漲股策略，以 5 日線和 10 日線為賣出條件。

2021 年 5 月 4 日，中鋼股價同時跌破 5 日線和 10 日線，而且 2 條均線都下彎，因此出清持股（詳見圖 5-❶）。這一次操作買進

**圖5 第2次進場時，可改採跌破支撐法操作**
——中鋼（2002）日線圖

a 4月7日出現帶量突破前高，為第1個發動訊號；b 4月8日出現明確續漲訊號；❶5月4日同時跌破5日線和10日線，且2條均線都下彎，因此出清持股；❷5月10日重新出現突破訊號，可小額追買；❸5月11日出現爆量上影線，停損賣出

註：資料統計時間為 2020.12.25 ～ 2021.06.15
資料來源：XQ 全球贏家

價為 4 月 8 日的 28.15 元，賣出價為 5 月 4 日的 36.25 元，獲利空間約為 29%。

後續股價整理數天後，2021 年 5 月 10 日重新出現突破訊號（詳

見圖 5- ❷），可小額追買，改採用主升段與末升段操作法，守 3 日線和 5 日線。但是隔天（2021 年 5 月 11 日）隨即出現爆量上影線（詳見圖 5- ❸），此時進行停損賣出，後續股價修正。

若以此次交易來看，5 月 10 日以 45 元買進，隔日（5 月 11 日）以 42 元進行停損，雖然此次操作虧損 7%，但可以避開後續股價跌到 31.65 元（2021.05.17 收盤價）的虧損，以及之後長達近半年的盤整，讓資金挪動到其他多方個股，做靈活應用。

## 案例2》聚陽（1477）

成衣代工大廠聚陽在 2020 年 3 月底至 2020 年 5 月中旬期間，出現長天期 W 底（詳見圖 6- ❶），依照目標價停利法中的等距漲幅滿足估算（詳見圖 6- ❷）可以算出，目標價在 154 元附近（詳見圖 6- ❸）。

2020 年 5 月 21 日，聚陽出現帶量長紅底型突破，為積極的買進訊號（詳見圖 6- ❹）。2020 年 5 月 27 日，聚陽股價雖然接近目標價 154 元（詳見圖 7- ❶），但從底型頸線 128 元來看（詳見圖 7 紅色水平線），約莫上漲 26 元，漲幅僅 20%，幅度不大，加上沒有爆量現象，短線支撐也都有守，因此持股續抱。此時改為跌

圖6 依目標價停利法設算，聚陽目標價約為154元
——聚陽（1477）日線圖

出現長天期W底❶，從底型的最低點到頸線的距離❷，可算出目標價約
154元❸；❹2020年5月21日出現帶量長紅底型突破，為積極的買進
訊號

註：資料統計時間為 2020.02.03 ～ 2020.05.29
資料來源：XQ 全球贏家

破支撐法（飆股操作法），守 5 日線以及 10 日線支撐。

2020 年 6 月 12 日，聚陽出現 5 日線跌破，而且 5 日線下彎，
雖然此時 10 日線、20 日線仍然上揚，但股價已經快觸碰到 20 日

線,故先減持 1/2 持股,1/2 持股續抱(詳見圖 7-❷)。之後聚陽股價迅速反彈,維持箱型盤整(詳見圖 7 左藍框)。盤整區間暫時不觀察均線,以盤整區間作為支撐和壓力,維持先前持股不變。

聚陽股價整理了近 30 個交易日,2020 年 7 月 13 日,聚陽股價出現盤整突破(詳見圖 7-❸),此時小額回補,但總張數不超過 5 月 21 日最低基期時的持股,以免頭重腳輕墊高成本,只要出現小回檔就反而造成獲利回吐。

之後股價僅上漲 3 天就隨即轉弱,5 日線跌破下彎,但因為總持股張數相較於 5 月 21 日時已經減低,加上這段期間 10 日線雖然跌破但仍上揚,而且守住盤整區間上緣(詳見圖 7 左藍框虛線)以及 20 日線支撐,所以持股續抱觀察。

測試完盤整區間上緣及 20 日線支撐,聚陽股價在 2020 年 7 月 30 日重新續漲(詳見圖 7-❹),漲勢不強,屬於緩漲型。由於張數相對低,原本應該守 5 日、10 日、20 日 3 條均線,現在 5 日線可以剔除,只需要觀察 10 日線和 20 日線即可。

2020 年 9 月 7 日,聚陽股價出現 10 日線跌破且 10 日線下彎,

## 圖7 盤整期間不看均線，改以區間作為支撐和壓力
——聚陽（1477）日線圖

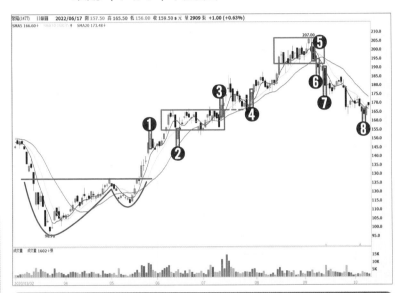

❶2020年5月27日股價雖然接近目標價154元，但無爆量、也無破短線支撐，因此持股續抱；❷6月12日出現5日線跌破且5日線下彎，先減持1/2持股；❸7月13日股價出現盤整突破，小額回補；❹7月30日股價續漲；❺9月7日股價跌破10日線且10日線下彎，處分1/2持股；❻9月9日股價跌破20日線，雖然均線未下彎，但已跌破盤整支撐區，賣出剩餘持股中的1/2；❼9月9日股價跌破20日線且20日線下彎，出清最後1/4持股；❽9月14日股價跌至160.5元才止跌

註：資料統計時間為 2020.03.02 ～ 2020.10.14
資料來源：XQ 全球贏家

處分 1/2 持股（詳見圖 7-❺）。

2020 年 9 月 9 日，出現 20 日線跌破（詳見圖 7-❻），雖然 20 日線尚未下彎，但是已經跌破盤整支撐區（詳見圖 7 右藍框），出現小型頭部現象，於是賣出最後剩餘 1/2 持股中的 1/2，僅保留 1/4。

2020 年 9 月 14 日，聚陽股價跌破 20 日線且 20 日線下彎，將最後 1/4 持股出清，完成操作（詳見圖 7-❼）。之後股價持續修正，至 160.5 元（2020.10.12 最低價，詳見圖 7-❽）才止跌。

由於此次交易過程較為複雜，以下遂整理買進日期及價格：

5 月 21 日》股價突破頸線，以 135 元價格買進 10 張，花了 135 萬元。

6 月 12 日》以 154.5 元價格賣出 5 張，收回 77 萬 2,500 元。

7 月 13 日》以 169 元價格回補 3 張，花了 50 萬 7,000 元。

9 月 7 日》以 194.5 元價格賣出 4 張，收回 77 萬 8,000 元。

9 月 9 日》以 190 元價格賣出 2 張，收回 38 萬元。

9 月 14 日》以 179.5 元價格賣出 2 張，收回 35 萬 9,000 元，

結束此次交易。

從上述數據來看，此次交易的買進成本約 185 萬 7,000 元，賣出金額為 228 萬 9,500 元，約獲利 23%。

## 案例3》中電（1611）

有時候發現一檔由底部整理後強勢起漲的個股，基本面、籌碼面、消息面各種條件都具備，但發現時已經急漲多日，這時候一定要先檢視乖離率，是否出現歷史乖離率過大的現象。

以專業照明製造服務公司中電為例，2021 年 11 月 2 日發現時股價走勢凌厲，檢視乖離率發現已經到 32.33%（詳見圖 8 紅圈）。以中電過去的表現來看，此時乖離率已經過大（中電歷史乖離率在 20% 左右），隨時有整理或拉回的可能，於是先列入觀察，不急著追買。

之後，中電的股價進入整理，2021 年 11 月都維持在大箱型整理區間（詳見圖 9 左藍框）。

直到 2021 年 12 月 2 日，出現帶量長紅 K 棒突破箱型區間的現

象,為積極的買進訊號(詳見圖9-❶)。

　　透過目標價停利法中的水平旗形估算方法,利用等距離漲幅滿足的原理,可以算出中電的目標價。中電在9.95元左右起漲,股價在上漲過程中,於12.9元～16元間進行整理,盤整區的上緣16元減去起漲點9.95元,等於6.05元。盤整區下緣12.9元加上等距6.05元,可以估算出最終滿足點為18.95元(詳見圖9藍色垂直線)。

　　2021年12月9日旗形的等距漲幅完成,但仍維持多方結構,此時改為跌破支撐法,因此繼續持有股票(詳見圖9-❷)。

　　之後股價持續上漲,2021年12月17日開始(詳見圖9-❸),股價雖然尚未翻空,但是多方力道趨緩,股價進入盤整(詳見圖9右藍框)。

　　2022年1月4日,出現5日線跌破且5日線下彎,賣出1/2持股(詳見圖9-❹)。

　　2022年1月5日,出現10日線跌破且10日線下彎,加上盤

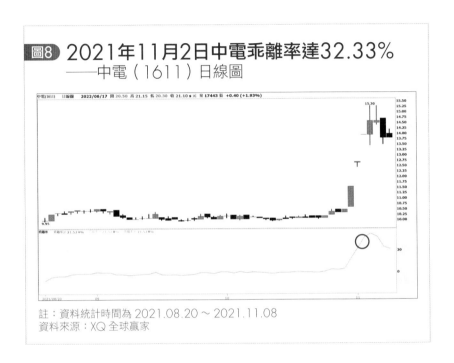

圖8 2021年11月2日中電乖離率達32.33%
——中電（1611）日線圖

註：資料統計時間為 2021.08.20 ～ 2021.11.08
資料來源：XQ 全球贏家

整區間跌破，賣出最後 1/2 持股（詳見圖9-❺）。

之後股價下跌修正，至 16.55 元（2022.02.24 最低價，詳見圖9-❻）才止跌。

此次交易是在突破旗形盤整區間以後才開始買進：

## 圖9 依目標價停利法設算，中電目標價約18.95元
——中電（1611）日線圖

❶2021年12月2日，出現帶量長紅K棒突破箱型區間，為積極買進訊號；❷12月9日股價達到目標價，但仍維持多方結構，此時改為跌破支撐法繼續持有股票；❸12月17日開始多方力道趨緩；❹2022年1月4日出現5日線跌破且5日線下彎，賣出1/2持股；❺1月5日出現10日線跌破且10日線下彎，加上盤整區間跌破，賣出最後1/2持股；❻股價下修至16.55元才止跌

註：資料統計時間為 2021.09.27 ～ 2022.03.02
資料來源：XQ 全球贏家

2021 年 12 月 2 日》以 16.55 元買進 10 張，花 16 萬 5,500 元。
2022 年 1 月 4 日》以 21.5 元賣出 5 張，收回 10 萬 7,500 元。
2022 年 1 月 5 日》以 20 元賣出最後 5 張，收回 10 萬元。

從上述數據來看，此次交易的買進成本約 16 萬 5,500 元，賣出金額為 20 萬 7,500 元，約獲利 25%。

以上 3 個案例就是目標價停利法和跌破支撐法的混合運用範例，但要注意的是，本書提到的交易系統模組，只是供大家做參考，實際運用時，還需要配合整體股市環境、多空氛圍等進行調整。

但大家也不用擔心實際在使用時會太複雜。基本上，在使用目標價停利法和跌破支撐法進行操作時，只要遵守以下 4 個操作原則，就能夠靈活運用：

1. 股價成本愈高，持有張數愈少。
2. 股價成本愈高，選擇愈短期的移動支撐。
3. 股價位階愈高，風險愈高，利潤愈低。
4. 股價愈高、風險愈高，買進或賣出批次愈少，最多不超過 3 批。

# 盤整期間多看少做 靜待趨勢明朗

3-3

上一本書《專買黑馬股 出手就賺 30%》裡教的是初升段的操作方法，而本書前 2/3 講的是初升段、主升段跟末升段的操作方法。可實際在操作上，除了初升段、主升段和末升段之外，一個上漲的走勢中間，免不了會有盤整的現象。因此，下面我會教大家盤整階段的操作方式，這樣整個做多系統就完整了。

## 定義》依據型態不同，可細分為狹義和廣義盤整

何謂盤整？依照道氏理論（註 1），只要不是多頭，也不是空頭，股價或指數在一個規則或不規則區間內整理震盪，都可以歸類為「盤整」。而依據盤整的型態不同，又可細分為狹義盤整跟廣義盤整 2 種：

## 1.狹義盤整

　　狹義盤整專指水平型態的盤整，包含狹幅整理、箱型整理：

　　**①狹幅整理：**指 15% 以內的漲跌幅，而漲跌的高低點都在一個水平區間，支撐線和壓力線成 2 條水平線，股價就在這 15% 的區間上下震盪整理。

　　以電腦品牌廠華碩（2357）為例，2020 年 8 月到 2021 年 1月，股價在 235 元至 255 元之間震盪，整理區間上下漲跌幅不到 15%，視為「狹幅整理」（詳見圖 1-❶）。

　　**②箱型整理：**箱型整理與狹幅整理很類似，只是整理區間上下漲跌幅在 15% 以上，而漲跌的高低點都在一個水平區間，支撐線和壓力線成 2 條水平線，股價就在區間上下震盪整理。

　　以功率導線架大廠順德（2351）為例，2020 年 12 月到 2021年 6 月，股價在 77 元至 98 元之間震盪，整理區間上下漲跌幅將

---

註 1：道氏理論又稱為道瓊理論，認為市場有 3 種層次的波動：1. 基本波動：指股價的長期變動趨勢，例如多頭、空頭；2. 次級波動：指基本波動的修正波，例如盤整；3. 日常波動：次要趨勢的波動，在技術分析上較不重要。

近 30%，視為「箱型整理」（詳見圖 1-❷）。

## 2.廣義盤整

廣義盤整除了狹幅整理和箱型整理之外，還包含對稱三角形、上升三角形、下降三角形以及擴張三角形。

①**對稱三角形**：對稱三角形指的是股價在一條上升趨勢線，一條下降趨勢線之間，做收斂整理。對稱三角形是廣義盤整的一種，但由於多方和空方勢均力敵，所以最後向上突破或是向下跌破機率各50%（詳見圖 2-❶），除非有明確基本面或籌碼條件作輔助，都必須等到股價突破或跌破才能確定方向。

②**上升三角形**：上升三角形指的是股價在一條上升趨勢線，一條水平趨勢線之間，做收斂整理。上升三角形是廣義盤整的一種，但由於空方是水平，壓力不變，但多方低點愈墊愈高，因此多方力道略勝一籌，所以最後向上突破機率 65%，但仍有 35% 機率向下跌破（詳見圖 2-❷）。不過，除非有明確基本面或籌碼條件作輔助，都必須等到突破或跌破才能確定方向。

③**下降三角形**：下降三角形指的是股價在一條下降趨勢線，一條

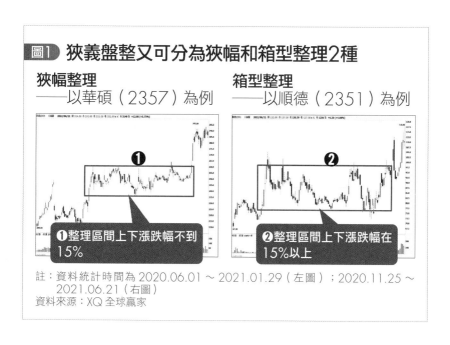

**圖1 狹義盤整又可分為狹幅和箱型整理2種**

**狹幅整理**
——以華碩（2357）為例

**箱型整理**
——以順德（2351）為例

❶整理區間上下漲跌幅不到15%

❷整理區間上下漲跌幅在15%以上

註：資料統計時間為 2020.06.01 ～ 2021.01.29（左圖）；2020.11.25 ～ 2021.06.21（右圖）
資料來源：XQ 全球贏家

水平趨勢線之間，做收斂整理。下降三角形是廣義盤整的一種，但由於多方是水平，壓力不變，但空方高點愈壓愈低，因此空方力道略勝一籌，所以最後向下跌破機率 65%，但仍有 35% 機率向上突破（詳見圖 2-❸），除非有明確基本面或籌碼條件輔助，都必須等到突破或跌破才能確定方向。

④**擴張三角形**：擴張三角形，又稱發散三角形、喇叭型，指的是

股價在一條上升趨勢線，一條下降趨勢線之間，做發散整理。擴張三角形是廣義盤整的一種，但由於多方愈墊愈高，低點愈壓愈低，因此多方和空方勢均力敵，所以最後向上突破或是向下跌破機率各50%（詳見圖 2-❹），除非有明確基本面或是籌碼條件作輔助，都必須等到突破或跌破才能確定方向。只是這種型態是最複雜的一種圖形，因為即使突破，容易假突破，跌破也容易是假跌破，是操作難度極高的一種圖形。

## 風險》技術指標易失靈，造成趨勢及時間風險

以上，就是盤整常見的幾種型態。在繼續介紹之前，相信許多人會有一個疑問，那就是「盤整區間真的可以操作嗎？」因為即使是初學者，大多也聽過「多頭做多，空頭做空，盤整不要做」這樣的口訣。

為什麼會這麼說呢？因為盤整是技術分析的天敵，當股價在短天期進行盤整時，會造成短天期指標失靈；當股價在中天期進行盤整時，會造成中天期指標失靈；當股價在長天期進行盤整時，會造成長天期指標失靈。因此，多數的盤整，理論上都會建議不要操作。實務上，多數投資達人也認為盤整不適合操作，因為會有趨勢風險

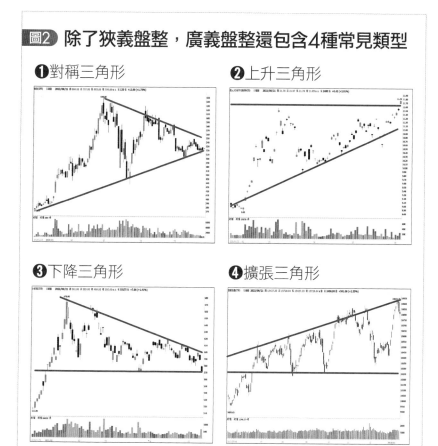

**圖2 除了狹義盤整，廣義盤整還包含4種常見類型**

**❶對稱三角形**

**❷上升三角形**

**❸下降三角形**

**❹擴張三角形**

註：資料統計時間為 2019.12.23 ～ 2020.05.27（左上圖）；2021.01.22 ～ 2021.06.03（右上圖）；2020.12.29 ～ 2021.05.11（左下圖）；2017.05.16 ～ 2018.01.11（右下圖）
資料來源：XQ 全球贏家

和時間風險。

## 1.趨勢風險

指盤整區間多空趨勢不明朗，這個時候技術指標失靈，只能觀察支撐和壓力區間。但為何不建議操作呢？因為如果是狹幅盤整，價差太少。

而且，盤整之後究竟會往上或是往下，也無法判斷，因此盤整區間如果投入太多資金，運氣成分很高，無疑是在賭之後的多空。除非有其他外在條件，比如基本面、籌碼面、消息面……，有很大的把握知道後續的多空，否則通常是不建議在盤整期間進行操作。

## 2.時間風險

指盤整的時間週期比預想還要長。當股價或指數開始盤整時，無法判斷盤整的時間，若只是盤整個 5 ～ 10 天還可接受，但是我曾經看過一檔股票，它的盤整期間長達半年；這樣一來，雖然只是小賺小賠，但是卻失去了資金的流動性，與套牢無異。

如果說到這個地步，你還是想要進行盤整操作的話，也行，但要先區分你想操作的是「指數盤整」還是「個股盤整」，兩種情況其

實意義不大相同。

# 策略》針對指數或個股，操作方式會有所差異

## 1.指數盤整操作

初學投資時，曾有一位資深的投資前輩說，老主力有一句口頭禪：「盤整出飆股。」當時還不明所以，後來等投資時間久了，才懂其中的深意。

這句話的意思是說，當指數進行盤整時，因為市場上整體動能不足，多數股票不容易有表現，也會隨著指數上下盤整。

但也正因為多數股票沒表現，因此一旦有某檔個股表現突出，就容易聚集市場目光，例如原本稍微強勢的股票，在指數盤整之後，因為市場更加聚焦在這類較強勢的個股，資金湧入，反而使得股價漲勢更為猛烈。所以當指數進行盤整時，反而可以挑選個別股票，用少量資金做多。

至於要挑選哪一種股票？最好是挑選籌碼面強的多頭續漲股，或是技術面剛剛發動的個股。這類股票後續漲幅有時反而比一般指數

在多頭時，資金更加集中，漲幅更大。

但若指數的盤整型態出現「箱型整理」、「大三角收斂（包含對稱三角形、上升三角形、下降三角形）」或「大發散型整理（擴張三角形）」，此時不僅要好好選股，更要跟著指數波動同進同出。

我在上一本書《專買黑馬股 出手就賺 30%》裡有提到，指數波動大時，會影響個股表現，尤其是當指數進入箱型整理時，操作難度高，是最不利散戶的狀態。

指數箱型整理會出現下列 4 種現象，會讓投資人很難操作：

①整體成交量縮。
②空方個股多於多方個股。
③個股以短多為主，漲勢少有中長波段。
④類股輪動快速，週期大約 1 至 2 週。

當盤勢大多頭時，投資人可能只要隨便買著、放著，莫名其妙就會賺到錢。但是當指數進入箱型整理時，如果不擅長技術分析的投資人，運氣好一點，大概就是像搭電梯一樣，抱上又抱下；運氣差

一點，可能就很容易出現虧損賠錢的情況。所以指數箱型整理對於投資人的交易技巧跟專業，是很大的考驗。

假定是連多數個股都進入盤整，要挑出好的個股非常不容易，這時候選股和操作難度，就會變得更高，真的會建議投資人不要過度交易，多看少做。

## 2.個股盤整操作

倘若除了指數整理之外，還想操作盤整的個股，那你首先必須觀察該檔個股是否已經出現區間震盪的現象，且整理天數至少在 5 天以上。一般來說，個股整理天數愈長愈好，這樣盤整型態會更加穩定。可以用直線趨勢線輔助，將整理區間繪製出來，確認出支撐和壓力的位置。

由於股價盤整，代表市場觀望，態度保守或轉弱也屬正常，因此籌碼不是必要條件，但是如果籌碼仍強（可利用 2-1 介紹的「三大法人、融資融券、買賣家數、主力指標」等籌碼工具來觀察），會對多方操作更加有利。

基本上，個股盤整的操作方式，大致可分為下列 3 種：

①**狹幅整理提前布局**：倘若個股進入狹幅整理時，基本上是不建議操作的，因為會存在時間週期比預想長和趨勢不明這 2 種風險。只有在短天期狹幅整理，且基本面、籌碼面極佳，判斷盤整後仍有機會續漲時，才可以在盤整區間少量布局，但仍要承受趨勢和時間的風險。

試單布局之後，有 2 種情況：一種是股價如規畫的向上續漲，發動後進行加碼或買足（其實這就是 2-2 的打底階段），而且要把握「低資金比重」的原則。另一種是如果股價跌破盤整區間下緣，就要紀律停損。

而這種狹幅盤整的布局方式，除了「股價跌破盤整區間下緣，就要紀律停損」之外，還要設定時間的停損。一般而言，我會設定 20 個交易日，也就是 1 個月左右的時間。倘若過了 1 個月後，股價還是在箱型區間內震盪，並未向上突破，那我就會不管賺賠，立刻賣出股票，否則會浪費資金的流動性，錯失更好的投資機會。

②**狹幅整理區間操作**：狹幅整理區間操作是在盤整區間低買高賣。投資人在低檔買進後，倘若股價跌破盤整區間下緣，就要紀律停損。但如果高檔或壓力區賣出後，股價突破盤整區間上緣，可以再評估

是否追買。要注意的是，利用這種方式操作的個股如果型態小（天期短），且價格區間小，那麼操作難度將會很高，而且運氣成分高。

**③盤整區間有 15% 以上的操作**：倘若盤整區間有 15% 以上的時候，也就是箱型整理、大三角收斂或大發散型整理。由於區間價差大，如果能掌握到高低點轉折，有來回操作價差的可能，還是有利可圖。不過，此種操作方法需要搭配技術面工具如 KD 指標和乖離率，以及一部分的籌碼分析，在區間低買高賣。但如果是三角收斂到末端，價差低於 15%，就是用「價差區間」，不用再看指標操作。

當股價下跌到支撐區間，出現以下 3 種情況，可以伺機買進：

①KD 指標黃金交叉。
②負乖離率過大。
③帶量中長紅 K 棒。

而此種做法的停利方式有下列 4 種：

①逢壓力區，或相對高點就進行賣出。
②出現異常大量 K 線賣出。

③ KD 出現死亡交叉賣出。

④ 正乖離過大賣出。

投資人要知道，盤整操作的難度相當高，且實務操作時可能遇到幾個問題：首先是型態發展不見得規律，雖然畫出箱型的支撐和壓力區間，但是箱型區間後續走勢還是可能出現變化。而且股價不見得遇到壓力區才止漲，可能提早出現賣訊；反之，也不見得每個低點都會碰到支撐區才上漲，所以高低點不見得完全規律。由於價差有限，必須盯盤，不然容易錯失買賣點，因此盤整操作買進張數不宜太多，小額參與即可。

最後要再強調的是，盤整仍是建議多看少做，但倘若是買進之後，股價才發生盤整這樣的情況，該怎麼辦呢？倘若籌碼強，持股張數不多，可續抱觀察。但是如果持股張數多，進入盤整時籌碼又轉弱，可以預先調節。

要知道，股市走勢變化多端，無法持續維持多頭或空頭趨勢，總有時候指數或股價會進入盤整。當盤整的時候，正面一點的說法是四平八穩，負面的說法就是死氣沉沉。如果盤整期間有股票的人，應該很明顯感覺到漲幅不大，跌幅也不大，多空操作難度都高。倘

若當你不幸遇到這種情況時，真的不要洩氣，不是只有你有這種感覺，大多數人也跟你一樣。

面對盤整局勢，高手和積極型投資人可以短線交易，但要精準掌握到轉折點和善設停損。而對於一般投資人來說，最好的策略就是低持股，甚至空手等待。

有時候沒有策略，也是一種策略。我們不是法人，沒有績效壓力，也沒人規定你，非交易不可。老子說「無為而治」，等待正是一種「沒有交易的交易，沒有策略也是一種策略」。等待和觀望，看似什麼都沒做，其實已經做了最正確的決策跟行為。不需要逼自己在震盪盤整區間，提早過度重壓多空，多一些耐心，靜待趨勢明朗。

#  用飆股操作法放空
## 3-4 先搞懂做空類型與風險

　　前面介紹的是飆股操作法的做多系統，腦筋轉得快的人，一定會馬上想到是不是能用飆股操作法放空？當然是可以的。

　　原則上，飆股操作法的做多跟做空，其實原理跟方法是一樣的，只是顛倒過來而已。比方說飆股做多可以分成下面 4 種類型：

　　**做多類型 1》** 在低基期、整理期，股價尚未起漲前（也就是打底階段），就預先布局，但此種做法可能會出現短套、長套，甚至看錯方向，唯一的優點是買進成本便宜（詳見圖 1-❶）。

　　**做多類型 2》** 低基期出現起漲訊號，或打底完成發動（也就是初升段），這是最好的做多時機點，此時進場不但後續股價漲的速度快而且安全。只是此種做法在買進時，股價多半已經脫離低檔區，

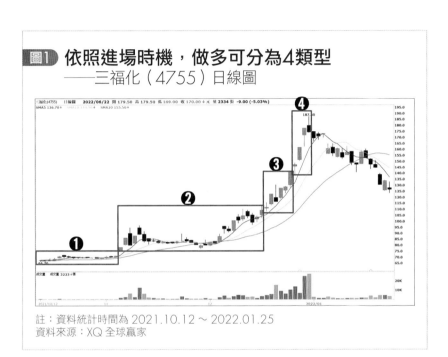

**圖1** **依照進場時機，做多可分為4類型**
　　——三福化（4755）日線圖

註：資料統計時間為 2021.10.12 ～ 2022.01.25
資料來源：XQ 全球贏家

成本會稍微高一點（詳見圖 1-❷）。

　　**做多類型 3》**飆股進入主升段，可在股價拉回時找買點，這時進場也是不錯，但成本會更高（詳見圖 1-❸）。

　　**做多類型 4》**飆股已經進入末升段甚至噴出段，此時可以追買，

但很危險，利潤大於風險，接近賭博的行為（詳見圖 1-❹）。

而其實飆股操作法做空，只需要將做多方式反過來看即可，也可分成 4 種類型：

**做空類型 1》**可以在股價上漲到最高點時做空，是最便宜的時間點，但也是最危險的時候，因為你有可能在高檔被套很長一段時間，或者此處其實只是強勢股回檔整理，有可能因為看錯方向被軋空（詳見圖 2-❶）。

**做空類型 2》**明確的短線或中線轉弱訊號，或是做頭起跌，這是最好的做空時機點。此時進場布局成本會稍高一點，但是非常安全，因為空頭趨勢確立（詳見圖 2-❷）。

**做空類型 3》**飆股進入主跌段，此時成本會更高一點，但是風險應該不大（詳見圖 2-❸）。

**做空類型 4》**飆股進入末跌段或是趕底，這時候叫做「追空」，風險極大，而且從起跌點起算，利潤空間已經相對少（詳見圖 2-❹）。

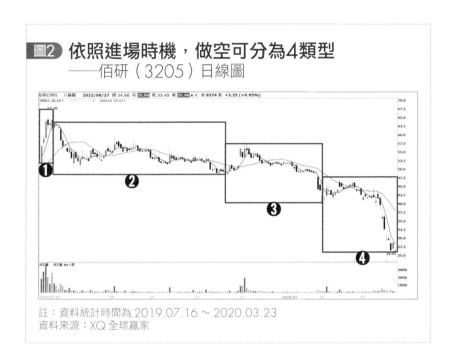

圖2 依照進場時機，做空可分為4類型
——佰研（3205）日線圖

註：資料統計時間為 2019.07.16 ～ 2020.03.23
資料來源：XQ 全球贏家

# 新手不適合做空，原因可分為2層面

其實飆股操作法的做空方式，基本上就只是把做多的方式顛倒思考和操作而已，使用的工具都完全相同，只是均線從上揚變成下彎，從站上變成跌破，長黑Ｋ棒變成長紅Ｋ棒，長上影線變成長下影線。所以你會利用飆股操作法做多，其實就會利用飆股操作法做空。但

是我不鼓勵做空，尤其是剛剛接觸股市的新手，當中有 2 個原因，一個是感性的層面，一個是理性的層面。

就感性層面來説，是因為假如有這麼一天，當你身邊所有人的股票都套牢慘跌，卻只有你賺錢，感覺就是怪怪的。雖然金融機制的設計就是這樣，可以做多也可以做空，只要壓對方向都能賺錢，但做空賺錢總有那麼點發災難財的成分，要多去想想那些損失和套牢的股友們的心情，尤其是那個跟你對作的人。放空的工具大多是零和遊戲，假如有一個人變成富翁，意味著有另一個人可能會傾家蕩產。所以當你做空賺錢時，記得要做點公益，回饋社會，還有記得不要太高調。

而就理性層面來説，是因為做空真的比做多難，但這個難不是來自於方法（做多和做空的方法本質上是一模一樣的），難是難在做空的工具。一般來説，做空工具不外乎融資、融券、期貨、權證、選擇權、股票期貨……，這些都叫「衍生性金融商品」。只要是衍生性金融商品，不但遊戲規則複雜，而且會有時間風險、槓桿倍數、價值遞減、強制回補等問題，不但在操作上有很多細節要兼顧，也會增加操作的難度和限制。難度跟限制一旦增加，操作的風險就會隨之增加。

股票假使你投資 100 萬元，即使遇到最慘的情況——下市，你不過就賠 100 萬元，但是一旦過度使用衍生性金融商品，你不僅可能將所有投入的資金賠光，更慘的還可能會倒賠，甚至傾家蕩產。例如 2010 年《今周刊》〈不懂停損一堂代價十億的理財課〉這篇報導中的黃媽媽就是使用融資，才導致 10 億身家全沒了，倘若當時她是利用現股投資，持有到後來，說不定還資產翻倍。

其實這些故事在股市中屢見不鮮，我自己身邊也發生過一個讓我印象深刻的案例。在 2020 年 3 月新冠肺炎（COVID-19）疫情剛發生，股市出現急跌時，一個熟識的朋友 A，本身也是營業員，在網路上用很緊張的語氣跟我聯繫，希望我能跟他的一位客戶聊一聊。後來我才知道，朋友 A 的客戶原先有本金 5,000 萬元，但因為所有持股急跌，融資被迫追繳，最後被迫斷頭，慘賠收場。朋友 A 怕客戶輕生，因此希望我能給這位客戶一點鼓勵。

正常而言，高風險高報酬，低風險低報酬，但是如果你的功力不夠，或者交易經驗跟技巧不純熟，常常會變成高風險低報酬。說一句更白話的，如果光是做台積電（2330）、鴻海（2317）、中華電（2412）、台塑四寶（指台塑（1301）、南亞（1303）、台化（1326）和台塑化（6505））……，這些正規而安全的商品，

你都討不到便宜,去交易那些複雜的衍生性金融商品只會讓你賠得更快。

其實,投資人會想使用衍生性金融商品進行操作,大多是被媒體跟政府「教育」之下的結果,以為這些多元的工具和商品是你的機會,或是會讓你容易賺到更多錢。但其實大量使用衍生性金融商品,最後往往都只是讓做莊的人賺更多手續費而已。而誰是做莊的人?當然是政府和券商。

曾聽過一個睿智的比喻:「不要問理髮師,該不該剪頭髮。因為理髮師要賺你的錢,即使頭髮再短,他也跟你說需要剪。」同理可證,不論任何商品,莊家永遠都會鼓勵你參與交易,不管那個商品難或是簡單,風險高或是低,因為只要你有交易,莊家就能夠賺錢,所以他會鼓勵你頻繁交易。但投資人真正應該要思考的是,自己是否有足夠能力承擔衍生性金融商品下跌時的風險呢?

我再打個比方吧!倘若你認同我股票投資的專業跟程度比你高,那以我的程度,都對融資、融券敬而遠之,你就知道我對衍生性金融商品,有多麼戒慎恐懼。股票已經是所有投資工具中最單純的。依照我過去的經驗來看,做現股賺錢的,可能 10 個中還有那麼 1

個、2個，而做衍生性金融商品賺錢的，恐怕100個中都沒有1個。

　股市中能賺的錢有太多種，有長線、有短線、有做多、有做空……，但是絕對不可能什麼錢都賺，因為一個人不可能同時具備能操作這麼多商品的條件和特質。我身邊所認識的一些投資達人，大家也都專注在自已最熟悉的區域，穩健獲利。所以新手還是建議從股票開始，如果連最好上手的股票都無法賺錢，更遑論操作其他難度更高的衍生性金融商品了。

　再舉一個大家都熟悉的案例，大家都知道股神巴菲特（Warren Buffett）吧？巴菲特研究和投資一輩子，不就是做多而已嗎？因此，雖然本書有教大家如何利用飆股操作法做空，但這都屬於高風險的操作，風險大於利潤，建議少採取此種操作方式。

Chapter
4

# 心法篇
## 抓住獲利關鍵點

# 依據用途區分
# 用4帳戶做好資金配置

（4-1）

　　其實本書寫到這邊，整套的買賣飆股操作系統和主要架構，大致上已經做了完整的說明，但是還有一些屬於資金配置、投資策略、實務經驗、投資心法，以及投資常見問題的部分，想在第 4 章和大家聊聊。

　　下面就先來看看一些朋友對我感到最好奇的地方吧，也就是我是如何控管資金，以及身為專職人的我，擁有哪些硬體設備。

　　在一些投資書籍中，常常會看到家庭收支以及個人資產管理，會羅列很多帳務管理、收支表格。當然我年輕的時候，也會做這些記錄，如此一來可以清楚知道自己的收支情況，有沒有亂花錢。但是當我後來的資產和年收入成長到一定水位時，其實已經不太做這些日常開支記錄，或是所謂的流水帳。

因為隨著年紀增長及性格成熟，後來已經養成很自律的消費習慣，加上這些帳務太過於瑣碎。尤其結婚生子之後，雜項支出更多，在執行上會太過繁瑣。且根據我長期觀察發現，做日常開支記錄對我後來的投資理財階段，也並無太大的幫助，就漸漸地沒有繼續記帳。

但沒有記帳不代表我就因此不做支出管控，而是改用另一種方式做資金管理。我的方法很簡單，就是用銀行帳戶做資金管理，我將自己的帳戶分成 4 個種類：

## 帳戶1》生活帳戶

我習慣將自己家庭和生活支出，半年或是 1 年，設定一個固定額度，在每年的一開始轉帳，存放在這個戶頭，之後所有的家庭支出和個人生活開銷，都從這邊提取。等到半年或 1 年後再回來檢視餘額，這樣半年或 1 年的開銷用度就會一目了然，很容易看出有沒有花過頭，或是需要做調整，省事又簡單。

## 帳戶2》短期投資帳戶

我的短期指的是 2 週～ 1 個半月。我個人投資幾乎都是以股票為主，所以會有一筆本金在證券帳戶，比如 2,000 萬元的額度，等到獲利到達一定額度，會將獲利部位轉存到儲蓄帳戶（後續會提到）。

永遠只留本金 2,000 萬元在短期投資帳戶裡,這樣長期獲利多寡,就一目了然。

當然偶爾本金也會減損。比方說,本金從 2,000 萬元減損到 1,800 萬元,這時候我也不會增加轉入資金,而是努力操作和交易,讓資金從 1,800 萬元恢復到 2,000 萬元的本金。

倘若有很長一段時間,短期投資帳戶始終無法恢復原先本金的水位,就要檢討那段時間的操作是不是有什麼重大缺失並且詳細記錄,作為修正投資策略的參考。

## 帳戶3》長期投資帳戶

這個帳戶屬於長期投資部位,至少會以半年,甚至 1 年做規畫。但由於現在不只台股,全世界的位階真的都太高(註 1),所以這個戶頭目前其實都是保留現金,沒有投資標的,必須等待股市有大幅修正我才會進場。比如 2020 年 3 月新冠肺炎(COVID-19)疫情爆發時,台股大盤指數修正到 8,500 點左右時,就有做部分長期

---

註 1:指 2022 年年初撰稿時。

投資配置。但是 2021 年 12 月起，長線部位持股就已經逐步轉為現金。

我也建議投資人應該要把短期跟長期投資的戶頭分成 2 個，這樣在觀察股票時，心情比較不會浮動，思考比較獨立，也比較能保持客觀。因為短期投資跟長期投資思維不同，分成 2 個投資帳戶進行操作，比較不會互相干擾。

## 帳戶4》儲蓄帳戶

這個戶頭基本上都是定存為主，幾乎不大會異動，主要功能是作為前面 3 個戶頭的調節水庫。比如生活開支是從這邊提取，短期投資有獲利，也會匯入這個帳戶，而長期投資部位如果確定很長一段時間不會異動，我也會將資金轉入這個定存戶頭，等待長期投資的機會到來。這個戶頭可以算是家庭的國安基金。

以上 4 個帳戶就是我現階段資金管理的方式。不過雖然我在資產水位和年收入到一定水位後，就不再對日常收支做記錄，但對於求學階段，或是剛出社會的年輕人，我還是建議要養成做收支記錄，也就是記帳的習慣。因為個人資金管理和對消費欲望的控制，是一切投資理財的根本。

# 與其買入高階硬體，不如練好投資基本功

很多朋友除了對我的資金控管方式充滿好奇之外，也常會問：「你的操盤室是不是擺滿了螢幕？主機規格是不是最高等級的？然後螢幕和燈號到處閃來閃去。」對我的交易室充滿了很多的想像。其實會有這樣想法的，通常都是華爾街相關的電影看太多。

由於我做的是現股交易，也不做衍生性金融商品，或是極短線交易，所以其實只需要一台簡單的文書筆電或桌機就可以。最多是為了舒適，我會把螢幕換得更大一點，如此而已。

因為我不需要同時盯很多商品價格，也不用像操作期貨，需要搶那幾分之幾秒的誤差，所以不需要有多螢幕或多高階的設備。但是我參觀過其他從事短線交易朋友的操盤室，是真的擺了 5、6 個螢幕，周邊配備很多，陣仗很大。

所以，並不是每個人都非得要擺一堆電腦跟螢幕，才顯得自己很厲害，還是要看需求和交易週期。與其有很高階的硬體，還不如將技術分析的基本功練得扎實一點。

# 用「看長做短」策略 賺合理報酬＋控管風險

4-2

　　相信大多數投資人對於德國股神科斯托蘭尼（André Kostolany）「主人與狗」的理論，都非常熟悉。這個理論是這樣說的：公司價值（基本面、淨值）與股價之間關係，就像是主人與小狗——主人是價值，而小狗是股價。

　　主人在遛小狗時，小狗有時候會跑得很前面，有時會停下來，有時候會四處亂跑，不一定會跟著主人的方向走。但是小狗雖然會前後左右亂衝，終究還是會回到主人的身邊……。

　　看了這樣的比喻，很容易讓人以為主人是比較重要的，但其實不然，這個故事其實只是描述一個現象，而非告訴你哪一個重要，或是投資人該在意主人還是小狗。不過在很多文章的延伸討論中，通常引用這個故事，是說服你「價值」比「價格」重要，但真的是如

此嗎？

## 最終決定賺賠的仍是股價，須留意價格波動方向

長期而言，小狗與主人的方向確實通常是一致的，但短期間可能會朝反方向前進，只是實務上，問題就出在「短期間」的定義。這個所謂的「短期間」，有時候是幾天、幾個月，但有時候可能遠比一般人想像得更長，可以長達數年之久。

投資人假如完全照著基本分析，只盯著所謂的價值或是產業趨勢進行投資，很容易失去了交易的彈性。而小狗跑近和跑遠之間產生的距離，如同股價漲跌之間造成的價差，就可能造成無法彌補的鉅額虧損。

何況，有時候小狗可能反而是領先指標，也就是小狗先往前奔跑，主人後來才被迫加速追趕小狗。反過來，也可能出現小狗賴著不走，甚至倒著走，主人也會被迫拖著倒退。也就是說，股價先下跌了，之後基本面才轉差，這也是常見的案例。

因此，如果碰到基本面趨勢與股價走勢不同時，還是要尊重市場

的趨勢，而小狗正是市場趨勢的力量展現，而不是每次都死盯著主人不放，過度執著於基本面。

而且投資人要面臨的一個課題，究竟最終決定賺賠的是主人（價值），還是小狗（股價）？可想而知當然是小狗。所以你應該在意的是主人還是小狗呢？假如決定賺賠的是小狗，那你應該多關注小狗的方向，而不是主人。

股票的獲利是來自於股票價格的高低價差，而交易是依據當下的股價，還是基本面或淨值呢？可想而知，當然是股價，也就是小狗。科斯托蘭尼説這個故事和比喻，其實只是要陳述股價與價值的關係，並沒有要投資人執著於價值。

價值看長不看短，但是人性卻是看短不看長。股價是由人性產生的交易行為，所以短期會受到資金和心理影響很大，許許多多長短期的元素綜合影響，導致價格的產生。

因此，投資不應該是單向思考——只看到基本面偏多，就想進場買股票，而是應該在了解產業的基本面趨勢後，再根據股價走勢出現的技術型態和技術指標，綜合比對分析，搭配自身的條件、風險

控管、特質，擬定當下的交易策略。

## 交易週期愈長，預測週期也須愈長

然而，不論你基於什麼理由，或者用什麼樣的工具進行投資，選擇做短線交易的人，對未來的觀點和看法，自然就看得比較短；而選擇做長線交易的人，對未來的觀點和看法，則會看得比較長。

所以做短線交易的人，可能要習慣每隔幾天，甚至每天，就需要修正觀點。優點是很容易改變看法，還有操作方向。由於短線交易的人會隨著盤勢不斷修正看法，自然地，投資風險也不會太大。只是缺點是一檔股票可能抱不長，獲利區間不容易超過 30%。

而做長線交易，優點是當趨勢為長多頭時，你可以耐得住小波段震盪，最後真的賺到大錢。但是相對的，你一旦看長了，要修正就會有難度。真正停損時，往往會受傷比較重，而這也是長線交易的缺點。

此外，做長線交易的人，容易踏入一個陷阱，那就是迷信一家公司長期不會變。但公司是由人所組成的，既然人會改變，外在環境

也隨時在變，當然就沒有公司體質是永遠不會變的，所以這樣想是很危險的。

那有沒有兼具長、短線交易兩者優點，也同時規避兩者缺點，完美合而為一的方式？或是能同時完美操作長、短線交易的操盤人呢？很遺憾，幾乎是沒有的。因為長、短線交易這兩種操作法，本身就是衝突的。

而且實務上，有一件事情比交易週期更為重要，那就是「預測週期」。預測週期指的是你對未來走勢，有把握能夠判斷和預測的時間區間，且這個預測週期，必須比你的交易週期更長。

比方說，如果你的交易週期是 1 天，那你只要對未來 3 天內的趨勢和方向有把握就可以。如果你的交易週期是 1 個月，那你就必須對未來 3 個月內的趨勢和方向有把握。所以，假如你的股票要放 1 年，那你就必須要能夠有把握，知道未來 3 年股市會如何。

教大家一個很簡單的邏輯，預測週期離現在愈近，雖然愈容易判斷，但是需要較高的交易技巧。例如當沖或短線交易，由於獲利空間比較有限，所以需要極高的紀律性，以及扎實的交易技巧和對轉

折的判斷。不過做短，只要將停損機制設定好，紀律執行，就可以將風險控制在一定範圍。

　　預測週期離現在愈遠，就愈難判斷，因為人不是搭時光機來的，要預知未來 3 年後的事情難度很高，但這種方式不大需要什麼交易技巧，反正就是買進以後擺著，有時確實可以有超額報酬。

　　我在這裡所說的「超額報酬」會需要非理性操作，但最後的結局通常是大好大壞，因為這一類投資人，對於股價波動敏感度不高，起跌不知道要逃，暴跌完也逃不了。

　　舉例來說，倘若你買一檔股票，你的預期獲利只有 20% ～ 30%，我相信虧損 10% ～ 15%，你是願意停損的。但倘若你的期待是 50% ～ 100%，那個叫做超額報酬，如果心中有超額報酬的期待，就很不容易紀律停損，虧損 30% 也砍不下手。

　　比較好的方式，可以選擇看長做短，有中長線的觀點，但是做短線的交易。以我來說，通常是習慣看 1 季以內的發展跟趨勢（這也是我能力所及的範圍），做 1 個月的交易。這樣做不但可以有合理報酬，風險也好控管。

若是技術面的操作者，可以利用同樣的方式一段一段做，做完這個月，再看下個月，這樣累積下來的報酬，也是不差的。而且真正的技術分析高手，還是可以透過這個方法，做完整個長波段。

看到這有人會想問，「是否有什麼關鍵的觀察點，可以預估大行情即將到來？」大行情這件事情，其實大家都是中了媒體的毒，投資是預估未來，又不是從未來搭時光機來的，不可能有所謂能知道大行情的事情。

投資是摸著石頭過河，邊走邊修正。想要 100% 正確預測很難，但有85%以上的準確率就可以了。永遠是贏在修正，不是贏在預測。可是你心中一旦有想要「一次賺很多」的心態，當你看錯的時候，你就會無法修正，拋棄自己原先的觀點。

比方我的交易週期是 1 個月，我只要對未來 1 季的股市趨勢有把握，這樣就可以，而這也是比較容易做到的。但你問我明年會如何？後年會如何？我不知道，也不需要知道，因為那超過我的交易週期。

至於你說，為什麼媒體上的學者、專家都能預測？我必須很殘忍地跟你說，當中有猜測的成分。曾經看過一份資料，有人回測過去

10 年全球前幾大專家預言當年度走勢，結果準確率竟然只有 4 成。

## 符合2要件，技術分析也能做長線或賺大波段

當然，也有人會好奇，「技術分析一般都是拿來做短線，是否能夠用來長抱或賺大波段？」答案是可以的，但是必須符合下面 2 個要件：

### 要件1》挑選優質公司

什麼是優質公司？優質公司必須符合「權值股（指對台股大盤影響力較大的股票）」、「營收獲利穩健（連續 5 年都能獲利，並且穩定發放股息，平均殖利率至少 4% 以上）」、「公司財務健全」、「大股東持股比重高」等條件。

倘若投資人看完上述條件後仍不知道要從何著手，有一個簡單的方法，就是直接挑選景氣循環股、公用事業股或民生產業（像是石油、電力、水資源、天然氣、資訊、交通、食品、紡織、營建、金融）當中的龍頭股，通常用這方法挑出來的，都是優質公司。

### 要件2》技術分析出現長期轉折條件

要出現有大波段的上漲機會，其實關鍵是基期必須夠低，也必須從高檔下跌很大的跌幅，或是在低基期打底很長的時間，這是外在技術面的基本條件。而消息面在下跌過程中，末跌段利多和救市措施失靈，急跌趕底，最後才是利空不跌，正式落底。

但這樣還不夠，日線圖的 MACD 要出現低檔背離、月 K 線 KD 黃金交叉且脫離 20 的鈍化區、出現明確底型（詳見圖 1），當具備這樣的條件之後，就可以確認長空頭落底。在價量關係部分，低檔通常會是出現爆量，但偶爾會出現低量。最好是指數跟個股，同時出現上述條件。

如果一檔股票符合「挑選優質公司」和「技術分析出現長期轉折條件」這 2 個要件，就具備長抱的條件，後續股價都會有可觀漲幅，只是這種條件跟機會並非常有。所以一般而言，要一次性賺取大波段獲利，都是必須有耐心，等待景氣循環的低基期。

反應快的人可能馬上會想，這樣技術面操作要賺大錢，不就必須很久才會有一次機會？確實是這樣沒錯。

但是大家不妨反過來思考，倘若一次交易能掌握 20% 安全的利潤

圖1 出現3條件，可確認長空頭落底
——以國泰金（2882）為例

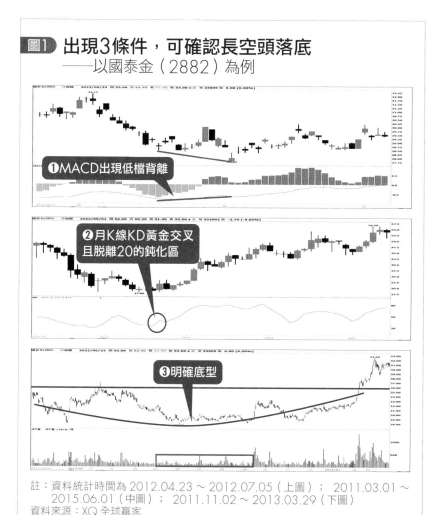

❶MACD出現低檔背離

❷月K線KD黃金交叉
且脫離20的鈍化區

❸明確底型

註：資料統計時間為 2012.04.23 ～ 2012.07.05（上圖）； 2011.03.01 ～
2015.06.01（中圖）； 2011.11.02 ～ 2013.03.29（下圖）
資料來源：XQ 全球贏家

空間，交易 5 次，不也就有 100% 的獲利？當然實務上不會 5 次交易，5 次都是賺錢，但是如果能掌握 10 次交易中，7 次賺錢，3 次虧錢，賺賠幅度也都差不多，這樣子積少成多，其實獲利也相當可觀，所以也不需要堅持只賺大波段。

# 了解不同工具侷限性
## 4-3 有助靈活運用技術分析

　　初學技術分析的同學，常常遇到一種瓶頸。比如，大家讀到的書上大多是這樣寫的，「KD 黃金交叉買進，KD 死亡交叉賣出。」然後初學者常常看到後就覺得如獲至寶，便開始利用這方式進行實戰交易。

　　只是，實際運用後，有時候可以賺錢，但有時候是虧錢。然後再測試更多次之後，得到一個結論，「技術分析不準」，或是「技術分析根本就沒用」，然後漸漸地就放棄使用這種方式進行交易了。

　　其實初學者不了解，每一種技術分析工具本身就有侷限性，也就是會有不適用，甚至失靈的時候。遇到這種時候，本來就應該避開，或是轉換到其他工具。但是初學者只知其然，而不知其所以然，又缺少有經驗的人指導，就會誤以為這些工具的準確度不夠高。

# K棒》轉折點並非都是有效率的買賣點

就以K棒的轉折來說，每天盤中股價漲跌形成單一根K棒，多根K棒累積而形成K線圖，K線圖會呈現出每一檔股票不同的趨勢、位階、型態。在多空漲跌的過程中，會有由空翻多或是由多翻空的點位，稱之為「轉折」。

短期區間會有短線轉折，而短期轉折點就是短期的買賣點；中期區間會有中期轉折，而中期轉折點就是中期的買賣點；長期區間會有長期轉折，而長期轉折點就是長期的買賣點。

就常理來說，股市或一檔股票會存在許許多多的轉折點（詳見圖1），當中最常出現的是短期轉折點，獲利空間約20%；其次為中期轉折點，獲利空間約20%～50%；長期轉折點則最少出現，但獲利空間在50%以上（詳見表1）。如果投資人做多，就是要從空翻多的轉折中，找到買點。

初學技術分析的投資人常常犯的一個錯誤，就是當學會看轉折之後，會把每一個轉折點都當成買賣點。但是請牢牢記下這句話：「買賣點一定是轉折點，但並非每個轉折點都能成為有效率的買賣點。」

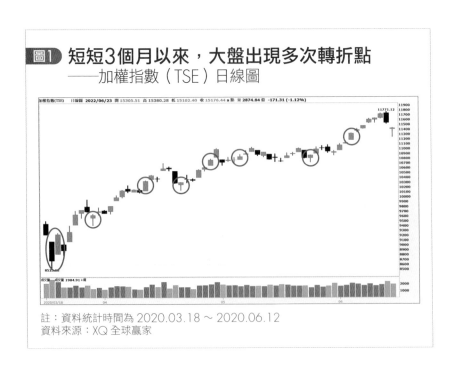

**圖1** 短短3個月以來，大盤出現多次轉折點
——加權指數（TSE）日線圖

註：資料統計時間為 2020.03.18～2020.06.12
資料來源：XQ 全球贏家

在《專買黑馬股　出手就賺 30%》一書中曾提到，買股票有 3 個
基本 SOP：第 1 個是「選股」，就是用你所學的所有方法跟工具，
選出你覺得有上漲潛力的股票；第 2 個是「找出買點」，也就是要
看轉折點；第 3 個則是「是否存在有效目標價，或股價有上漲 15%
的可能性」。大家在操作時都會記得第 1 和第 2 個要點，可卻常常
忘記第 3 個要點，也就是股價要有上漲空間。事實上，買點跟目標

## 表1 長期轉折週期出現頻率較少，但獲利空間大
——轉折週期差異

| 轉折週期 | 短期轉折 | 中期轉折 | 長期轉折 |
|---|---|---|---|
| 出現頻率 | 頻繁 | 居中 | 較少 |
| 獲利空間 | 20% | 20% ～ 50% | 50% 以上 |

價必須同時存在，這樣買點才有意義。

　　以觸控模組大廠 GIS-KY（6456）為例，2020 年 6 月 2 日，出現帶量長紅 K 棒且突破盤整區，是多方轉折訊號（詳見圖 2- ❶）。但這是一個好買點嗎？需要看有沒有滿足第 3 個要件，「是否存在有效目標價，或股價有上漲 15% 的可能性」。以 GIS-KY 的情況來看，短線是無法估算目標價的，因此也無法立即判斷股價有沒有潛在上漲 15% 的可能（需要事先使用機構評等估價，或是中長天期的型態做估算），所以雖然是轉折點，但並非是好的買點。

　　即使中階程度以上的投資人，能設定移動式短線支撐的操作模式，例如 5 日線跌、5 日線和 10 日線死亡交叉、KD 死亡交叉……，但若是後續股價漲幅太小，可能還是會出現虧損，變成失敗的交易。

所以買股票時，不能只用單一工具，除了看轉折點，也要同步估算有效目標價或是股價潛在上漲空間，這樣才能大幅提高勝率。

# KD指標》股價陷入5～10日左右的盤整時易失靈

又比方以 KD 指標為例，當股價或是指數陷入 5 ～ 10 日左右的盤整，KD 其實就會失靈，這個時候就應該改換成觀察盤整的價格區間，作為支撐和壓力的判斷。

又比如，當 KD 進入鈍化區，指標也會失靈，這時也不能再看KD，應該切換到 5 日線觀察。還有 KD 有時會出現指標背離，但指標背離只是股價漲太快，而指標走勢跟不上，不能立刻判斷會翻空。如果只是看到 KD 指標背離就積極做空，就很容易出現失敗的交易。

此外，雖然 KD 是判斷轉折點的利器，但作為趨勢工具，就會不夠好用，因此 KD 應該再搭配一個趨勢工具，當該趨勢工具是多頭，而 KD 出現黃金交叉時買進，在多頭時做多，成功率才會高。

其實多數時候，投資人之所以認為技術分析沒有用，是因為使用方法和觀念錯誤所導致。初學者誤以為 KD 是萬靈丹，有時光鑽研

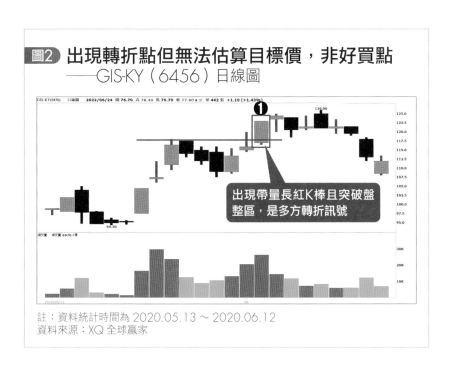

**圖2** 出現轉折點但無法估算目標價，非好買點
——GIS-KY（6456）日線圖

出現帶量長紅K棒且突破盤整區，是多方轉折訊號

註：資料統計時間為 2020.05.13 ～ 2020.06.12
資料來源：XQ 全球贏家

KD，就花了大半年的時間，但是忽略了 KD 有其缺陷跟不足，這時候本來就應該有替換或補強的工具。

一個很簡單的邏輯，假如只要 K 棒或是 KD 就能解決所有的問題，那發明 K 線戰法的本間宗久、發明均線理論的葛蘭碧、建立多空盤整定義的道氏……，這些時代的先驅，難不成都是白痴嗎？大家都

用 KD 就好，不需要再學其他工具。

技術分析的精髓，不是單一指標的過度鑽研，舉凡：K 線、均線、價量關係、型態、位階、趨勢、技術指標、週期……，而是多個工具的互補、搭配、組合運用，從少數指標的個別運用，延伸發展到多指標綜合運用。

會有這些技術分析工具的產生，本來就是因為技術分析工具有其個別缺陷，所以每一個時代的天才，貢獻了他們畢其一生所學，綜合而成，才完成了現在的技術分析架構。

## 指數、大型股技術分析的準確度較中小型股高

那究竟技術分析的準確度有多少呢？技術分析的準確度，用在指數以及大型股的判讀上，是比較準確的，中小型股由於人為干預的可能性比較高，尤其成交量極低和知名度不高的個股，波動性更大。所以我說過，股性活潑的個股，新手投資人建議要避開。

其實技術分析的精準度跟有效性究竟如何，關鍵不在於技術分析這門學科本身，而是使用的人能否利用技術分析工具，完全發揮技

術分析的效果，對未來走勢提出精準的預測。

曾經，有人提出一個很像笑話的問題：「用英文真的能跟外國人溝通嗎？」是的。用英文當然能夠跟外國人溝通（除非外國人説火星文），但是你必須要學會、學好、學正確，英文才能發揮完全的效果。

技術分析就是股市的語言，當你真正學會了，一定知道股市在説什麼。如果是一個技術分析初學者似懂非懂，可能準確度不到50%；但倘若你是技術分析老手，那麼準確度可以到80%；如果你是技術分析神手級以上，準確度可以到達90%以上。

我初學的時候也常常在想，技術分析有沒有盲點？當然有。而且不只技術分析有，基本分析、籌碼分析、產業分析也都有，只是你要清楚每一種工具的缺點，然後避開或是做修正。

## 技術分析的3大天敵為盤整、騙線、增減資缺口

我學習了一段時間之後，歸納整理出來技術分析的 3 大天敵：盤整、騙線、增減資缺口。能夠避開這 3 大天敵，就可以有效優化技

術分析。至於如何判斷以及因應策略，這可能要單獨再寫一本書才講得完，這邊只能簡單説明。

以騙線為例，有沒有可能完全不存在騙線？當然不可能。既然騙線一定會存在的，你就要有相對應的策略（註 1）去修正那一次的交易，而不是一看錯，人就呆掉，不知所措。

但是我要強調，假如你的選股條件非常嚴謹，騙線 10 次大概只會出現 1 次（註 2），不會常常出現。倘若常常出現，表示你的選股系統可能有點問題。

---

註 1：這裡相應的策略就是我上一本書《專買黑馬股 出手就賺 30%》裡提到的「寫劇本」，而且不能只有一套。

註 2：騙線簡單説，其實就是假突破跟假跌破，如果你選股很嚴謹，條件充分，找到 10 次的突破訊號，有 9 次會成功，只有 1 次會失敗。一般人就是條件不充分，10 次中可能出現 4 次假突破，於是乎就説，「這是騙線，技術分析不準。」

---

# ④4-4 設定7要件 建立自己的交易系統

　　投資人要建立一套屬於自己完整的交易系統,這樣才稱得上是一個成熟而獨立的投資人。而我認為,完整的交易系統必須具備「資產配置與規畫、資金調節機制、選股及過濾系統、買進條件的設定、買進後的調節、賣出工具和策略、停利與停損機制」這 7 個要件,以下用我自己的交易系統做示範說明:

### 要件1》資產配置與規畫

　　資產配置的第 1 步就是投資人必須清楚自己有多少資產和負債,接著算出資產扣除負債後的淨資產,然後依照自身的實際年齡、風險承受度、交易週期、投資資歷、專業程度⋯⋯,設定你要使用多少的資金比重,進入股票市場。

　　例如,某甲的淨資產為 5,000 萬元,他可以設定用其中的 2 成,

也就是 1,000 萬元，進入股市投資。

　　至於資金比重該如何設定？這就牽扯到你是否清楚自己的年度投資目標。你要常常想，你投資是為了什麼？是要抗通膨？打敗定存？賺零用錢？還是讓資產倍增？倘若你希望讓資產倍增，那麼要賺多少錢才滿意？你認為自己在投資上應該要有多少勝率、多少投資報酬率、多少絕對報酬，才能達成目標？你必須幫自己設定一個具體且明確的投資目標。

　　有了年度目標之後，才能夠反推到季目標、月目標，以及要搭配的資金比重及商品的選擇。你要清楚這些東西，才會清楚你的投資架構，還有你該選擇哪些交易系統、交易週期，以及你應該要承擔多少風險。

## 要件2》資金調節機制

　　資產配置完成之後，並非就此一成不變，還需要依照國際股市、加權指數、櫃買指數等外在條件變化做調節。比如，現在國際股市跟台股可能是中期空頭起跌，加上台股目前位階已經偏高（超過歷史高點 1 萬 2,682 點），因此某甲可降低資金比重，將原先設定的 1,000 萬元股市操作資金，調降到 500 萬元，然後當中 150 萬

元做多，350 萬元做空。之後，直到外在風險解除或條件改變，才可調升資金比重。

此外，倘若投資一段時間之後，投資人仍無法利用這筆資金穩健獲利，甚至還產生虧損，這表示交易系統還不夠專業，這時候資金比重不只不能增加，說不定還得減少。例如某甲原先投入 1,000 萬元資金進股市操作，但交易 3 個多月以後，操作資金只剩下 800 萬元，這時候某甲就應該考慮將資金比重從 2 成降低到 1 成。

## 要件3》選股及過濾系統

資金的部分解決以後，下一步，就進入投資的環節了，也就是選股及過濾系統，這部分在《專買黑馬股 出手就賺 30%》第 3 章「穩紮穩打──設定盤中交易策略」中有詳細說明，這裡只簡單幫大家複習一下。

首先，你可以利用「法人籌碼股、熱門題材股、產業轉機股、內部消息股、主流強勢股和技術面訊號股」6 大面向建立海選名單，1 週的海選名單可納入約 80 檔個股。

然後，這 80 檔個股可再利用籌碼面（例如三大法人買賣超、融

資融券、買賣家數和主力指標）篩選剩下 50 檔。

接著，再從技術面（例如 K 線圖、價量關係、均線、KD 指標和 MACD 指標）篩選剩下 30 檔。當然，也可以搭配用本書的跌破支撐法選股，最後綜合觀察，篩選到剩下 10 檔之內。

## 要件4》買進條件的設定

挑選到適合的個股以後，接著就是買進條件的設定。例如要估算有效目標價，或是確認後續股價會有 15% 以上的漲幅。接著，觀察盤中漲幅（達 3% 以上為明顯表態現象）、K 線（突破重要壓力區為重要買訊）、成交量（預估出現大量有助於有效突破，註 1），以上是主要判斷條件。

然後，可以把個股的單筆成交明細（多筆連續大量賣出價成交顯示買盤積極）、最近 5 檔（買量大於賣量代表買盤積極）作為輔助指標。交易完畢後，可以再觀察內外盤比（外盤比例較高時氣氛偏多），作為當日確認工具。

---

註 1：找到發動點後，有價也要有量，而且量能要適中，確實突破盤整的平台區，這也是許多人常常忽略的。

## 要件5》買進後的調節

買進股票之後，持有張數並非完全不變。一開始可能因為訊號不明顯只是試單，等有把握時加碼，續漲時再買足。買足之後，股價行進過程中，在尚未到目標價或是預估漲幅之前，出現短線賣出訊號，可能有減碼、回補等調節的可能。

## 要件6》賣出工具和策略

我自己的賣出工具和策略，在《專買黑馬股　出手就賺 30%》中3-6〈目標價停利法＋跌破支撐法　評估出場時間〉和 3-7〈以 4 工具擬定停損策略　投資才能持盈保泰〉，以及本書第 2 章和第 3 章已有完整論述和説明，這裡就不再贅述。

## 要件7》停利與停損機制

其實本質上，停利與停損使用的工具是相同的，只是因為成本的高低，而產生賺賠。成本低、賺錢賣出，稱為「停利」；成本高、賠錢賣出，稱為「停損」。至於該如何停利和停損，本書前面幾章已有許多介紹，這裡就不再重複。

以上，是交易系統的基本架構和範例。你使用的工具和訊號不見得要和我一模一樣，不過我比對過許多書籍，國內外前輩大師的基

本架構，其實都是類似的，只是在這些基礎上做增減。

投資領域博大精深，雖然每個人都有慣用的投資方法及技巧，試著從建立自己專屬的交易系統著手，你也能在投資道路上，找到屬於自己的一套操作方法。

## 投資方法須符合可複製性＋具備足夠的樣本數

至於什麼是最有效的投資方法？其實根本就沒有定論，因為股票投資這件事情不僅是一個專業，有很高比重牽涉到心理層面，並且參雜著很強的主觀意識和個人經驗，因此投資很容易像政治、宗教、愛情……，陷入非理性和主觀的狀態。這也就是為什麼大家如果去瀏覽各大群組或是留言版，常常會看到各方人馬吵得不可開交。

不過，不管你情感上支持哪一種投資工具，或是認同哪一門學派都無所謂，但你信仰的方法最基本上必須具備一些科學的基礎，也就是「可複製性」以及「具備足夠的樣本數」。

可複製性就是用這個方法和投資路徑，第 1 次按表操課這樣進行，能夠獲利賺錢，第 2 次也賺錢，第 3 次又賺錢，可以一直複製下去，

那這個方法才是有效的。但假如你的投資方法都是靠感覺,毫無系統可言,就不存在可複製性。

另一個是樣本數的問題,假如有一個人,在 2000 年買了台積電（2330）,之後就再也沒有賣過,時至今日,一定是大賺的,但是我無法驗證他純粹是運氣好,還是真的是用專業及交易系統的方式賺到錢,因為樣本只有一個。但反過來,如果有一個人用固定的方法交易和投資,重複了 100 次,當中有 80 次賺錢,20 次虧錢,這個方法的可信度應該會比較高。

但是即使你的交易系統符合「可複製性」以及「具備足夠的樣本數」這 2 個要件,最關鍵的仍然是失敗的那 20 次,有沒有妥善處理,也就是停損機制。

假如你的交易系統中,沒有完善的停損機制,而放任 20 次虧損的擴大,那這 20 次的虧損,絕對會狠狠地把其他 80 次的獲利吃掉。所以如果你的交易系統,沒有完整的停損機制,日後很容易出現我剛剛提到的風險。

相信股神巴菲特（Warren Buffett）在 2020 年第 2 季停損航空股,

之後航空股股價絕地反彈 80% 以上的事情，大家應該記憶猶新。姑且不論那次巴菲特停損是對是錯，但你只要想一個很簡單的道理，連長期投資和奉行價值型投資的股神巴菲特都需要停損機制了，你難道不需要嗎？

# ⏺ 解惑7大常見問題
## 4-5 投資之路走得更順暢

前面我已經和大家説明了我自己的資金配置、交易系統等資訊，但相信仍舊無法解答大家所有的疑惑。因此下面我會整理一些大家常遇到的投資問題，並説明自己的看法，希望能夠幫助大家在投資路上走得更順暢一點：

## 問題1》每天盯盤就算用功？

有些人會説，「我每天都花很多時間看盤，這樣還不算用功嗎？」很遺憾的，看盤叫做「庶務」，那是本來就應該做的，稱不上什麼用不用功。而且，根本就不需要從9點開盤一直看到下午1點半收盤，因為一直盯盤，不會漲的股票，還是不會漲，會跌的股票，還是一直跌；重點是，關鍵轉折點有注意到，而且有做出具體的交易行為就可以。

所謂的用功，是扎實讀書、認真上課、寫下讀書筆記、課後心得、交易策略擬定、交易紀錄檢討⋯⋯，還有把這些內容，內化變成自己的東西，那才叫做用功。

其實不管是指數或是個股，只要不是做當沖、權證、選擇權、融資融券，做現股投資的人，除非是到關鍵日子（例如股價跌破支撐或是突破壓力、出現買賣訊號的時候），否則其實都是間隔 1 個小時，看一下就可以了。所以你會看到我盤中發文，其實大概也是 1 小時、甚或 2 小時，才有一些觀察 Po 文。甚至有時候我持股非常低，都只有開盤跟收盤簡單看一下。

一般來説，我會建議新手投資人將觀察檔數限縮在 5 檔之內，然後盤中只要觀察股價漲跌幅變化，還有該檔個股是否行進到你規畫的買點或是賣點即可。不過要想這樣做的關鍵是，前 1 天就將筆記，也就是隔天 5 檔的操作策略（例如買賣策略跟進出依據）寫好，第 2 天盤中只要專注在這 5 檔股票是否出現你預設的條件。若有，只需要按表操課就可，輕鬆簡單，又不會手忙腳亂。

表 1 是我 2011 年還是新手時做的筆記，當時只有觀察大盤和 4 檔股票，我節錄其中一部分給大家做參考。現在回頭看，這些表格

和內容，填寫得還算是很簡略，當中還很多不成熟、不完整的地方。後來我的筆記當然有一直演進，不但愈來愈完整，甚至還有附圖。但大家也不用刻意要製作一模一樣的表格，可以發展適合自己的模式。只是要讓各位知道，做筆記是初學者一定要做的功課。

「做筆記」這樣的基本功，我扎扎實實地做了 3 年。一開始看 1 檔股票需要 30 分鐘，後來縮減到 10 分鐘～ 15 分鐘，直到後來練習到看股票 10 秒內就能判斷，並且能說出我對它的看法，還有如何交易的細節，以及多種的情境組合。我是一直練習到這種境界以後，才沒有再繼續寫筆記。其實也不是沒有寫，只是改成寫在心裡面而已。

# 問題2》公司有利多，股價就應該要漲？

一般投資人都認為，公司有利多，股價就應該要漲。但真的是這樣嗎？大家長期習慣接收訊息和媒體資訊，究竟是因為公司基本面好，所以股價才漲；還是因為大家相信基本面好、股價應該漲，所以股價才漲呢？誰為因，誰為果？這是一個很有趣的問題。

基本面（這裡是指一般人知道，已經公告的那種基本面）、產業

**表1** 投資人應記錄觀察個股的交易分析與策略
——新手時期筆記節錄

| 項目 | 分析 | 策略 |
|---|---|---|
| 大盤 | 緩步攻堅，農曆年前後仍是看多 | 回檔到 8,450 前的點位應該有守。可以逢低分批布局元大台灣 50（0050） |
| 中租-KY（5871） | 半年線似乎有支撐，20日線依照扣抵，還要一段時間才會轉強 | 不再加碼，靜待 20 日線轉強，看能漲到什麼區域 |
| 晟　德（4123） | 60 日線仍然下彎，約剩下 15 日整理。法人已經開始小買 | 今日已經先出 1 次，62元左右務必補回 |
| 東　洋（4105） | 已經快要到回升格局 | 單 1 張降低風險，反覆操作到賺錢為止 |
| 佳　格（1227） | 未來均線全部上揚 | 拉回加碼，反覆操作 |

配置資金：＊＊＊萬以內（帳戶總值：股票：＊＊＊萬＋現金：＊＊＊萬＝＊＊＊萬）

**每日心得備註：**
為什麼股票沒有漲？因為資金沒進來，不認同這檔是主流。
剩下20%資金的持股，資金仍要按比率平均分散。
改掉壞習慣，將好習慣融入，像呼吸一樣自然。
再次印證，摸底是絕對錯誤的。KD向上再買，必須是多頭才成立。
趨勢不對，破了支撐就該先走，不見得要等股價下跌7%～10%才走。

面、消息面……，其實這些都叫做「故事」。故事說得好，市場認同，買盤資金湧入，於是股價上漲。

基本面重不重要，那要依你的交易系統架構而定。假如是做 1 個月以內的交易，1 檔股票一買一賣之間，不到 1 個月，而所謂的基本面資訊，連月營收都沒更新，那基本面跟你就沒關係。

還有事實上，基本面只是選股系統，不是交易系統。就像 2021 年，台積電（2330）一整年基本面都很好，但技術面都只是箱型整理，根本沒有好的買訊（詳見圖 1 紅框）。在此情況下，即使台積電的基本面很好，還是不能買。

這就好像我常常說，如果籌碼面對、技術面對，就算是宏達電（2498）我也敢買。但籌碼面不對、技術面不對，就算是台積電我也買不下手。何況一般人認知的基本面，等同於消息面，事實上都只是在聽故事。

你可以聽故事嗎？當然可以，但是你要知道，這些故事不是你買與不買的依據。每天新聞媒體充斥著許多利多利空，這當中有經濟數據、財金指標、產業動向、財報營收……。但事實上，這些訊息

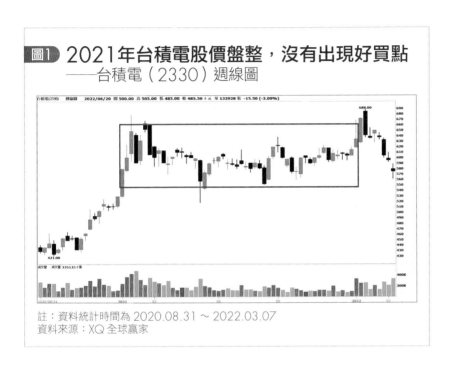

**圖1** 2021年台積電股價盤整，沒有出現好買點
——台積電（2330）週線圖

註：資料統計時間為 2020.08.31 ～ 2022.03.07
資料來源：XQ 全球贏家

對一般投資人而言，要真正理解和判讀，其實難如登天。

先說專業知識的累積，即便你是財經相關系所讀完 4 年，也只是讀完，不代表你具備判讀力，大多只是知道什麼是總體經濟、個體經濟、國內生產毛額（GDP）、採購經理人指數（PMI）、10 年期公債、股東權益報酬率（ROE）……這些名詞的意思。

　　但所謂判讀力，是要能藉由這些資訊交叉比對，有效判斷未來景氣起落和股價漲跌。若想將這些訊息「具體且精確地」轉換成投資策略和交易行為，恐怕又得要多出好幾年的時間。

　　初級財務會計、總體經濟學、個體經濟學等財金基礎養成，少則3至4年，多則無上限，因為這一類的知識，本來就是「無邊無際」。所以可能在當中鑽研打滾多年，仍然一無所成。

　　說得一口好的總經跟產業，卻無法提出精確觀點和交易策略，這樣的投資人其實不在少數，我稱之為「學者型投資人」，這也就是很多投資人，每天浸淫在財經雜誌或是書籍中，最後仍然投資失利的主因。

　　反觀技術分析和籌碼分析的養成，技能的學習範圍是很明確的，要學的東西就是這些。一套有限定範圍的固定公式，只要願意下定決心苦學，反覆練習，資質高者，1年半就會有小成；資質中間者，2年以上應該也會看到成效。

　　但是我也並非全然摒棄這些財經知識，只是學習應有次序和輕重。在投資這條路上，學習應該要以技術面跟籌碼面為骨幹，因為這才

是直接影響到你最後交易的依據，而財經知識的累積是邊投資邊學，絕對不是悶著頭就從財經知識去切入。

　純有財經知識卻不知如何交易，就會變得虛無不踏實，最後下場都是很慘，只是在為難自己而已。即便擁有了很多財經知識，可能還無法解讀，還不如回到技術面或籌碼面更為單純。

　要回歸到交易的本質，技術分析是股票的語言，能不能買、怎麼買、怎麼賣，其實它會清楚告訴你的，但你要聽懂它的語言。清楚地知道為什麼買在這個點位，或是為什麼賣在這個點位，憑藉的理由、條件、工具……都非常具體，而且有確切布局的張數、資金比重，和整套的策略。必須從「試單、加碼、買足、減碼、停利、停損」都有完整的規畫，這才叫做交易。

　至於外在資訊適度吸收就好，過猶不及，過多資訊往往反而是干擾交易的根源。如果常常追蹤我解盤的人，會發現我不大會提這些東西，不是它們沒有用，而是因為道氏理論早在百年前就已經揭示，所有的一切利多利空，最後都會反映在股價、指數上。

　其實這樣的觀念，在我初學股票時就已經知道，只是當時我也半

信半疑。但後來經過了 10 多年的實戰驗證和經驗累積，我終於確認這是真的。

　　既然一切利多利空都會反映在股價、指數上，那你還需要去執著這些多如牛毛，而且無從分辨利多還是利空、真偽、規模大小的原因嗎？我想應該不用吧！只要清楚你該如何交易就可以了，因為這一秒的新聞，就是下一秒的股價。甚至，股價比新聞、消息還領先反映，所以汲汲營營地追逐消息永遠是緩不濟急的。

　　何況很多時候，媒體所寫的基本面跟產業面，往往只是主力作手說服你買股票的工具。如果你只因為基本面跟產業面很好，就買進股票，你很可能就會成為主力作手的工具人。

　　要成為獨立思考的投資人，還是人云亦云隨波逐流，被主力說服出貨的散戶？你自己決定。若總是聽從他人的說法，可能今天很得意抱住股票的原因，日後就會成為賣不掉的癥結。用錯誤的方法投資，錢愈多，只會賠更多。

　　要知道投資市場上，決定你是不是散戶的關鍵，永遠不是錢的多寡，而是行為。投資世界中，最可怕的不是亂買、亂賣，而是你不

知道你一直在亂買、亂賣……。如果你不了解股價漲跌背後的原因，只會一直重複地亂買、亂賣，那麼即使你再有錢，一樣也只是散戶而已。

## 問題3》哪一條均線的支撐壓力最大？

通常在日K線圖中使用的均線，由短而長依序是3日線、5日線、10日線、20日線（月線）、60日線（季線）、120日線（半年線），以及240日線（年線）。理論上，愈長天期的均線，支撐和壓力愈強，因為均線代表某個時間週期內，投資人的平均價格，同時也代表某個時間週期內，投資人的平均成本。

由於長天期的持有人數，一定多於短天期的持有人數，因此理論上，愈長天期的成本，支撐和壓力一定是大於短天期。但實務上並非如此，中短天期的均線，像是3日線、5日線、10日線、20日線、60日線，在實質壓力和支撐上，往往比半年線、年線更具備效果。

以年線為例，年線代表投資1年的人，以及1年的平均成本。而會持有股票如此長時間的人，表示對價格敏感度極低，說不定他就連自己的股票已經被套牢都不知道。即使未來某一天股價站上年線

突然解套，這些投資人也不會在意，甚至不會發現，實質上也不見得有解套賣壓。

所以該條均線能否成為有效的支撐和壓力，關鍵是投資人的交易週期與價格敏感度的變化。因此建議長天期均線用來看趨勢和多空，不適合用來交易及看支撐壓力。也就是說，並非等年線跌破才去減持股票，而是在更早之前，就減持甚至出清了。年線只是用來佐證和確認，指數或個股跌得深不深而已。

此外，以這 7 條均線而言，雖然 60 日線會是有效的支撐和壓力，但考量到操作和交易的靈活性，也不會用 60 日線，因為股價等到 60 日線跌破時，股價至少已經從高檔修正 30% 以上，甚至更多。反之，等站上 60 日線，股價也已經從低點上漲一大波，反而落後。因此在實務應用，3 日線、5 日線、10 日線、20 日線，還是比較適合作為主要的交易依據，而 60 日線、120 日線、240 日線作為趨勢的判斷或確認工具，會更加適當。

## 問題4》如何避免假跌破或假突破？

朋友很常問一個問題：「如何避免假跌破或假突破？」其實這個

問題，如同你問我：「如何避免車禍？」有異曲同工之妙。我們開車在馬路上，一切都遵守交通規則，例如：綠燈行、紅燈停、黃燈要警戒……，多數時候是可以避免意外發生的，而且可以安全抵達終點。如同我們按照技術分析的規定，出現買訊時買進、出現賣訊時賣出，基本上，要遇到假跌破或假突破的機率並不高。

不過，就算是你完全遵守交通規則，開車就一定不會發生意外嗎？當然不是。更何況，很多時候你根本沒有按照交通規則開車，常常闖紅燈，或是切換車道不打方向燈，甚至是酒駕……。所以開車時，你應該關切的重點是，倘若發生車禍跟事故，我該怎麼辦？而不是執著於，我為什麼會出車禍？我不能接受出車禍？或是我不應該出車禍？

開車除了遵守交通規則之外，還要眼觀四面，耳聽八方，懂得隨機應變。如果覺得遠方可能會發生車禍，你就應該先減速或改道。如果前方有突發性的危險，要閃避而不是衝過去。如果意外真的發生時，要試著用所有方法，讓傷害降到最低。

投資也是一樣，就算完全照紀律執行，我們也只能將假突破或假跌破機率跟次數降低，但不可能完全避開假突破或假跌破，關鍵是

「假突破或假跌破發生時,你該怎麼辦?」該停損、逢低加碼,還是該忍耐?你必須有很清楚的策略。

不過有一個重點需要注意,正常情況下,10 次突破或跌破,應該只允許 3 次以內失誤。這很類似前一篇章講「騙線」那件事情,也就是說,如果你判斷一檔股票有突破訊號,10次有 1 次失誤很正常,3 次以內是極限;如果超過 3 次,那表示你在選股或判斷突破訊號時有問題,需要再練一下。

## 問題5》為何交易系統中沒有套牢這件事?

我曾對朋友說過,在我的交易系統中,是沒有「套牢」這件事情。大家聽到後都很吃驚,然後接著一定想問:「難道你買股票都不會遇到下跌或虧損?」當然會的,我又不是神,怎麼可能會完全不看錯呢?

只是,何謂套牢?套牢就是當你買進一檔股票,下跌之後產生未實現的虧損,然後接下來你不知道該怎麼辦,盤中不知所措,這才叫做套牢。一個賣出按鍵的距離,在現實中,手指與鍵盤是如此的近,但心理上的距離,卻是如此的遙遠。

　　對我來說，當我買進股票後，即使遇到股價下跌，但我很清楚續抱的原因跟條件，這時候繼續持有該股票，就不是套牢了，而是經過思考和策略規畫後，很正常的持有和觀察。

　　至於會持有到何時？就看後續是否出現新的加碼或賣出訊號，再進行買進或停損。有人會問，那萬一看錯怎麼辦？很簡單啊，我是人，又不是神，看錯就認錯就好了。

　　2021 年 9 月 11 日，《工商時報》〈巴菲特賣航空股被笑 專家推神操作〉這篇報導中曾登載，股神巴菲特（Warren Buffett）在 2020 年出清美國 4 大航空（註 1）的股票後不久，這些航空公司的股價都觸底反彈，漲幅都在 80% 以上。

　　如果說連股神巴菲特都會看錯、做錯，說明了勝敗乃兵家常事，投資人不要因為一次交易虧錢，就很像世界末日。真實的股市中絕對不存在百分之百勝率的分析系統，但是可以有百分之百明確的應對方式和交易手法。

---

註 1：美國 4 大航空為西南航空（Southwest Airlines）、達美航空（Delta Air Lines）、聯合航空（United Airlines）和美國航空（American Airlines）。

　　其實預測股票走勢和漲跌，跟氣象台預測氣象很類似，需要用許多精密的設備和客觀數據，來判讀未來一段時間是晴天、陰天、下雨……，但是預測一定準確嗎？有 8 成準已經很不錯了。只要是預估未來，就會有變數，所以修正永遠比預測重要。

　　準的那 8 成，既然準確就順勢操作，不會有問題的。但關鍵永遠是落在那 2 成不準的時候，你該怎麼辦？如同今天本來預測會出太陽，但是出門沒多久就遇到下大雨，你還要執著於原本的預測嗎？還是趕快拿雨傘出來擋雨？順帶一提，由於我常常出差往返，為了避免在外奔波時突然遇到下雨，就算是晴天出門，我背包裡一定永遠有一把傘。所以股票跟人生，其實真的很像。

　　學習的一開始，你交易常常失敗，這是很正常的現象，所以你會希望，永遠不會失敗。於是乎，你很執著地追求不要失敗，因為你以為有人永遠不會失敗。如果你有上面的邏輯，那你遇到虧損時就一定會追問自己：「這檔股票失敗在哪裡？」但其實你應該要問的是：「自己這次的操作手法哪裡有問題？」

　　真相是，不管是誰，操作股票一定偶爾會失敗，要習慣有偶發性的失敗，因為這樣你才懂得與失敗共處。所以永遠會有失敗的，只

是失敗的是人、是交易，但股票本身不會失敗。

## 問題6》高檔起跌後，反彈應該加碼？

散戶投資人常常會陷入一種情境，當股票或指數下跌，出現空方轉折賣出訊號時，有時候是可以估算跌幅區間，但有時候是做不到的。倘若無法估算的時候，散戶常常會主觀預期或猜想：「跌幅應該不會太大吧？」或是「股價應該有機會漲回來吧？」這是相當危險的想法。

我們來假設幾個問題：萬一股價沒漲回來，你該怎麼辦？你有沒有因應的策略？倘若沒有，那你就淪為主觀和感覺的猜盤，而不是客觀解盤跟紀律交易。另外，還有一個更為實際的問題，指數下跌，個股也跟著下跌，但是指數後來反彈了，可你原先持有的股票，有漲回到原本對應位置嗎？有轉虧為盈了嗎？我想多數都沒有，還是套著。

所以轉折訊號出現時，不要過度臆測、猜想、甚至幻想，該紀律交易就紀律交易，該買則買，該賣則賣。即使賣錯了，等到轉強再買回就好。要常常提醒自己，犯錯沒什麼，修正就好，下次不要再

犯同樣錯誤,才是最重要的。投資需要有專業、智慧和勇氣,但有專業是前提,如果沒有專業之下的智慧只是幻覺,沒專業下的勇氣,會變成有勇無謀,更危險。

另外,好像很多投資人會把「搶反彈」跟「攤平交易」搞混了,不是在空頭低檔買股就是搶反彈。原先高檔起跌時,有紀律地減碼,或是空手的人,低檔小額買進做多,才叫做「搶反彈」。但如果先前是一堆股票一路套下來,那就應該趁反彈時進行減碼,而不是在低檔時想透過增加持股來降低交易成本,那樣叫做「攤平交易」,而不是搶反彈。搶反彈本身已經是有難度,而攤平交易又是比搶反彈,更加危險的行為,因為只要一個不小心,就很容易讓獲利愈攤愈平啊。

## 問題7》為什麼停利比停損容易?

其實停利與停損,本質上都是相同的,都是賣出股票,但是為什麼停利比停損容易呢?在賭博中,賭徒往往有這樣的行為模式,贏錢離開賭場比較容易;但是一旦輸錢,要離開賭場就比較困難,容易陷入想「翻本」的心情。而這種賭徒心態,和投資人在做金融交易時的心態,本質上是相通的。

2002 年諾貝爾經濟學獎獲得者康納曼（Daniel Kahneman），把心理學研究和經濟學研究有效地結合，從而解釋了在不確定條件下如何決策。但由於原先康納曼研究的是賭徒行為，所以用詞跟情境與投資稍有不同。為了讓讀者容易理解，下面我會將原始理論的用詞作轉換。

康納曼的核心理論應用到投資上，有以下 3 個基本原理：

1. 人在獲利的狀態會害怕失去，心態上會不想承受風險，導致會想賣掉獲利的股票。

2. 人在虧損的時候會逃避現實，心態上會忘記風險，導致會想拗單，甚至逢低攤平。

3. 人們對虧損比對獲利更加敏感，虧損的痛苦比獲利的快樂強烈。

其中第 1 點和第 2 點合稱為「康納曼風險定律」。人們在面臨獲利時，會擔心獲利隨時可能會不見，會傾向規避風險，所以會想賣掉賺錢的股票，而在面臨損失的時候則會相反，轉成偏愛風險，而不願意賣出虧錢的股票。

例如某人帶著 1 萬元到股市，賺了 1,000 元，也就是資產變成

1 萬 1,000 元時，他隨時可以離開股市。但是反過來，如果他賠了 1,000 元，也就是資產變成 9,000 元時，他就很難離開。

　　雖然這賺／賠的 1,000 元只占了本金 1 萬元的 10%，而 1 萬 1,000 元和 9,000 元之間，其實也只差 2,000 元，但關鍵是它們與本金 1 萬元之間的賺賠差距，也就是賺 1,000 元，還是賠 1,000 元有關。

　　因為人對財富的變化十分敏感，而且損失帶來的痛苦，會是得到相同快樂的 2 倍。簡單來說，就是虧了 1,000 元所帶來的不愉快感受，要比賺了 1,000 元所帶來的愉悅感受強烈得多。雖然賺賠同樣的金額，但帶來的感受是不對稱的。

　　就現實層面來說，投資和賭博本質上還是有相當大的差異性，但在金融市場交易上，人性的心理和行為，跟賭博是一樣的道理。投資虧損時，因為要逃避面對虧損的磨難，以至於難以停損出場。

　　正因為有這樣的心理基礎，如果投資只依人性自然的表現在金融市場交易，一般人都會是輸家，這也說明為何大多數人投資股票都虧錢，必須經過有系統的訓練及心理建設，才有辦法成功。

　　所以投資前輩們常說：「投資股票要違反人性」，就是這個道理。這也是為什麼基金經理人操作客戶的錢，和自己的資金部位，心態上也會有差異。成功的基金經理人或操盤手，面對公司以及投資人的資金，或是自己的財富，會有不同的心態。

　　損失和獲得是相對於參照點而言的，以上述例子來說，1 萬元就是參照點。所以要改變人們在評價事物時所使用的觀點，才可以改變人們對風險的態度，也就是要把參照點移除，投資人才能夠恢復理性。

　　因此我認為，投資人在做交易時，應該要建立以下的心態：

**買股票不是因為昂貴或是便宜，而是因為你知道，股票會漲；**
**賣股票不是因為賺錢還是賠錢，而是因為你知道，股票會跌。**

# ㊻ 在股市中要追求事實
# 而非股票漲跌原因

　　其實在我投資的這 10 多年歷程中，時不時都會聽到有人用著非常曖昧的表情或是詭異的微笑跟我說：「XX 公司或是某某主力，說要把 A 股票做到 100 元。」彷彿這件事情是天大的祕密，只有他知道。

　　尤其認識的朋友更多之後，這種資訊每天多如過江之鯽。但我心中都會很自然地將前述那段話翻譯成以下內容：「不是公司派或該主力要把 A 股票做到 100 元，而是公司派或該主力『希望』A 股票的股價能漲到 100 元。」（我強調是「希望」，但不一定會達成）

　　如果原先 A 股票的股價已經漲很多，我又剛好聽到這樣的消息，則會翻譯成另一種版本：「公司派或該主力應該 90 元到 95 元之間就會想出貨 A 股票，那我 85 元到 90 元之間應該先賣一些 A 股票。」

以上，我想這是投資人對於這一類消息，比較健康的應用方式。

《紅樓夢》中描述賈寶玉夢遊太虛幻境時，在大石牌坊上所看到的對聯：「假作真時真亦假，無為有處有還無。」意思是假的被當作真的，真的也就跟假的沒兩樣；虛無被當為實有，實有也就虛無了。如同股票市場上充斥著各種利多和利空，真真假假、假假真真。

在投資市場上，主力作手、法人是導演，股票則是演員，其他投資人則是在一旁看戲的人。一般的投資人可以看戲，但是不能入戲太深，甚至誤以為自己可以掌握一切，進而沾沾自喜，但其實只是被媒體操控的一分子。

**散戶一直都在找股票上漲的理由（被市場說服）；**
**主力作手則是找理由讓股票上漲（說服市場）。**

有太多次的經驗，朋友聽完我對主力和籌碼的解釋說明，當下會覺得很有道理，但是隨後馬上就會有人問我：「我認識公司高層，說要將 B 股票做到 200 元？」又或者是：「C 股票是不是主力在倒貨？」這表示我剛剛說的，對方完全沒聽進去，只是似懂非懂而已。但是這個心智的建立，本來就需要很多的練習和經驗值的累積，我

271

很習慣，因為明天你們之中，一定又會有人問我類似的問題，這是必經過程。

在指數或個股股價下跌時，投資人很習慣，甚至很喜歡問下跌的原因，因為大多數人認為，要先知道原因才知道要怎麼交易。但是在股市中，這個理論可能不見得每次都成立。因為股票漲跌成因，本身就是複合體，而不是由單一因素產生。而股價最終的呈現，就是市場上眾人的集體意識產生的交易行為。交易行為產生股價，你只要懂得從這個漲跌的結果產生的訊號，找到買賣點即可。

至於股價漲跌的真正原因，往往是無從分析的，因為剛剛說了，股票漲跌成因是複合體，不是單一成因。若執著於找原因，無異是緣木求魚。甚至，即便知道真正的原因，對交易也是毫無幫助。

例如，某次股票下跌，我整理和歸納出 3 個下跌原因：年終丙種金主（註 1）收資金、美國聯準會（Fed）通貨緊縮言論、國內疫情緊張。不過就算知道下跌原因又怎樣？試問，接下來該買還是該賣呢？也就是說，知道下跌原因對於之後該如何交易根本毫無幫助。

事實上，對於投資人來說，真正有意義的是，當你原先看到眾人

集體行為產生的股價，以及股價產生的技術型態、技術指標、價量關係……，有沒有維持低持股，或是提早預防性減持，又或是在上週出現短線賣訊時，就積極離場，這才是更為重要的。

在股市中你要追求的是事實，而不是真相。因為你根本就找不到真相，更重要的是，知道真相也不會幫你賺到錢。在股市中，不是要問 What（要買哪一檔股票？），也不是問 Why（為什麼股價會上漲／下跌？），而是要學會問 How（股價上漲／下跌時，我要怎麼做才能獲利？）。

## 不要做能力圈以外的事情

其實這要回到「能力圈」的觀念。何謂能力圈？就是你能力所及的範圍。假設我不懂醫學，更不懂政治，所以這不是我的專業領域，因此討論這些議題超出我的「能力圈」。

倘若你要我去做一些在我能力圈以外的事情，就好像你去問物理學家牛頓（Isaac Newton）該怎麼投資？問史上最偉大的操盤手傑

---

註 1：丙種金主是台股獨特術語，指股市中專門借錢給別人炒作股票的人。

西・李佛摩（Jesse Livermore）什麼是流體力學？問小說家村上春樹如何開刀動手術？都是一樣荒謬可笑的。

如果你所知道的一切資訊跟知識，都是媒體或別人告訴你的，而不是自己真正精通或浸淫已久的專業，那麼當你還沒有足夠把握的辨識能力時，就不要硬去分析，會變成道聽塗說、人云亦云，甚至還陷入政治的意識形態思維，就更沒完沒了了。

如果你只是用「感覺、認為、相信……」這些字眼分析股票，那就是用信仰在投資股票，而不是客觀事實。包含法人看法、研究報告、媒體資訊絕對不等於客觀事實，因為這些資訊都是經過加工製造，所以股票投資大忌就是：「不要聽消息做股票」。

倘若我自己沒有足夠的相關專業領域背景，只看了一些新聞，聽了一些來路不明的言論，甚至不客觀的報導，就高談闊論，大談特談，就是做自己能力圈以外的事情，還有違反實事求是的精神。

我只懂 K 線跟籌碼，我就只討論 K 線跟籌碼，如果硬要去討論自己根本都不清楚的東西，比如疫苗有哪幾種，哪些疫苗最有效？疫苗的副作用？疫苗價格合不合理？反而顯得自己是無知的。配合防

疫政策，做好自己的本分，還有該遵守的相關規定，可能更為重要。

所以股市就是人生，你的生活習慣和做法，會反映到股市分析和交易；而股市中的一切思維，也會反映在真實人生。

# 投資是時間和知識的累積

　　多年前，當時我還沒有頻繁地在網路上分享投資經驗，也沒寫過書，也沒上過媒體時，偶然間接到了一個朋友轉介的平面媒體通告。

　　見面時這位記者，開口問了第 1 個問題：「老師，你的交易系統是什麼？」聽到這我突然就矇了，因為完全不知道該怎麼回答，我有所謂的交易系統嗎？什麼是交易系統？此時經驗老到的記者，馬上意識到問題，將話鋒一轉，改問：「老師你是怎麼選股？」我馬上意會過來，很自然脫口而出，就跟她說：「選股要有 3 個條件，分別是週 KD 黃金交叉、股價站上 20 日線，而且出現底型……。」但我也不知道當時為什麼會冒出這些話，就只是很直覺的反應。

　　然後記者接著問：「選好股票之後，買股票的訊號是什麼？」我說，「應該要有大量，而且突破壓力區 3% 或是 3 天」。她又問：「這

樣會不會太落後呢？有時候3天連3根漲停，已經漲了30%以上，反而短線過熱？」於是我又補充說：「沒錯，大型股才用這麼嚴格的條件，但小型股或是短天期底型，當天帶量出現長紅或是出現跳空缺口即可確認。」接下來，我們就這樣一問一答，聊了2個多小時，完成了那一次的採訪。

現在回想，原來這就是選股系統跟交易系統。之後為了幫助身邊的朋友更好理解投資，就開始整理這些系統。後來我發現，這很像武俠電影當中，各門各派的武功招式和套路。於是我幻想著，其實古時候那些太極拳、洪拳、詠春拳的各門各派創始人，一開始根本沒有所謂的招式和套路，僅是從過去的學習經驗和個人特質去變化，所想的只是如何打敗敵人。而發展出來的那些招式和套路，都是為了讓其他人入門好學，是因為許多人不會應變，總不能無邊無際的教，所以才幫他們想出一些容易記憶跟學習的方法。也正因為如此，實務上臨陣對敵，不只這些變化。

所以武俠小說中寫的，真正最終極的武學到了最後，是無招勝有招，因為本來就根本沒招，但你知道敵人打過來，你該出什麼招——該出掌還是出拳，該防守還是攻擊，那都是經驗累積而成的反射動作。股票的選股和交易系統也是一樣，固然我整理了這麼多的技巧

和系統，但事實上，當你在盤中實戰，靠的是潛意識的反射，而不是還在思考哪些套路，該用哪一招。你只要知道當一根 K 棒出現，你該做什麼，那就好了。

其實每一個投資者，都是先在腦海中完成自己的架構，而後為了教學所需，才將這些套路慢慢發展出一套系統。如同我常說的，詠春拳的創始人，一開始不是先設計套路，而是思考如何融合自身所學的基礎，加上個人特質，創造出一種武學來打敗敵人。招式與套路，其實都是為了教導別人而產生。

那是不是在經過仔細的教導之後，所有人都能夠學有所成呢？這部分可就真的不一定了。「師父領進門，修行在個人。」這句話說得很好，領進門就是理論和原則，而修行這件事情，只能靠自己。

股市變化多端，實在是無法鉅細靡遺地呈現所有樣貌。我曾經試著把各種情境都寫下來，但是每每都窒礙難行，時間久了我自己也體會到，有些事情是只能意會不能言傳的。因為原則可以歸納，但實務的情況卻是變化萬千。

比方說，回檔到哪邊需要用哪個工具？我該設定哪個條件為停

損？每一檔股票跟每一次遇到的狀況都不一樣，是無法模組化的，不過大致原則是一樣的。書本永遠只能告訴你理論和原則，當中的應用，就需要留待讀者投資經驗的養成。投資永遠要靠自己去摸索，且必須盡可能地將交易模組化。

我在反觀自己學習過程，其實也是如此。當我還在學習的時候，也很密集地跟過許多老師，但是要我真的說出來，是哪一位老師教會我交易這件事情，我也說不出來，好像每一個老師都教過我，但也好像每一個老師都沒教。原來最後階段真正的老師，其實是股票市場，而不是任何一本書或是課程。

這也讓我想到雕刻大師朱銘和他的老師楊英風的一段故事。當初朱銘跟楊英風學藝時，就和楊英風在同一個工作室創作，各做各的。偶爾楊英風走過朱銘身邊跟他說，「這一刀下得不錯」，如此而已，也沒教他什麼。後來因為朱銘體弱，但雕刻其實需要耗費相當大的體力，於是乎，楊英風要朱銘去學太極拳。然後楊英風老師還交代朱銘，千萬不可以模仿他（指楊英風），還要朱銘忘掉朱銘過去的自己。後來朱銘逐漸有了知名度，才談起這一段過程。

事實上，朱銘跟楊英風學藝時，因為朱銘的技法已經很成熟了，

所以楊英風知道，朱銘這個階段需要的是「尋找自己」和「走出自己的一條路」。也因此，楊英風才會要求朱銘不能模仿他，且要拋棄過去的自己，這樣才能成功。但想這樣做，前提是必須有扎實的基本功，才有後面所謂的「尋找自己」和「超越自己，創造出一個全新的境界」的一條路。這也是學習最後的一哩路，永遠必須靠自己完成，旁人是幫不了你的。

不過要提醒新手的一點，朱銘是因為基本功已經很扎實，才必須忘掉自己，並且避免模仿別人來尋求突破，但是新手仍然需要學習跟模仿。像是書法臨摹字帖，千萬千萬不要練習和經驗不足，就急著要走出一條路，自然容易有挫折和遭遇失敗。

到這裡，其實已經把我想傳達的事情都說出來了，最後，我還想要給新手投資人一些叮嚀。2022 年 1 月 5 日，台股來到史上最高點位 1 萬 8,619 點，愈來愈多的新手投資人加入市場，也就是網路戲稱的「小白」跟「韭菜」愈來愈多。

網友都喜歡用戲謔的方式閒談股票，但我還是希望大家能用比較嚴肅的態度看待投資，畢竟每一分一毫的本錢都是你辛苦賺來，當你要投入金融市場時，也請務必清楚風險，所以風險控管的第一要

務就是——新手請不要過度放大資金部位，甚至放大槓桿或借貸投資，這都是相當危險的事情。10多年前我就是不知道這觀念，所以慘賠近500萬元。在股市中投資，小碰撞、小擦傷難免，但千萬不要讓自己的資產受重傷。

第2則是投資報酬和對稱性的付出。最近看到很多剛進入股市的年輕同學，在學習投資的過程中，往往都太心急了。有人只翻了幾本書，然後聽幾場講座，甚至只有在家看看電視上的財經節目，上網搜尋一下財經知識，就覺得自己學過投資，或是知道該怎麼開始投資。

假設一種情境：某個人今年35歲，在職場的月薪是6萬元，他是怎麼得到這份薪水的呢？這可要從幼稚園說起，先從小班讀起，接著進入中班、大班、小學。台灣的環境可能小學三年級就要開始補習，每天一大早上學，到晚上7、8點才回家。接著上國中也是這樣日復一日，而且課業壓力更重，補的科目更多，回家時間更晚，睡覺時間也更晚。到國三還要準備考高中，壓力更是破表。

接下來上了高中，也是一樣的循環，而且有過之而無不及。最後好不容易考上理想大學，算是輕鬆一點。然後大三開始，可能又要

準備研究所。但等研究所考上以後，又是一場惡夢的開始。之後畢業進入職場，從菜鳥開始當起，一直熬到後來變老鳥，然後升任當小主管，而且每月都要就就業業，才能領到 6 萬元的薪水。這樣的過程，要花費多少時間跟努力？

另一個情境，有一個同樣 35 歲的人，看似學歷不高，然後每天什麼事都不用做，睡覺睡到自然醒，自由自在無拘無束，只要像打電動一樣，在電腦前敲敲鍵盤，每個月就可以賺 6 萬元，你覺得這個世界有公平正義嗎？

假如真的是這樣，當然沒有公平正義可言，但真實世界還是有公平正義的，因為你沒有看到那一個學歷不高的人，他背後付出的努力。他曾經艱困的自學，然後精讀 100 本以上的財經書籍，寫了無數的筆記和眉批，向 10 多位的投資高手拜師學藝，累積 300 多個小時的上課時數，辛苦的記憶、背誦、理解，最後終於內化變成自己的東西。然後一開始投資還曾經歷賠錢、虧損，無數孤獨的內心煎熬，然後一段時間後，由大賠進步成小賠，小賠變成沒賺沒賠，最後終於小賺，然後才能夠穩健獲利。

所以，如果你從小到大的努力，才讓你 1 個月領到 6 萬元，你覺

得應該花多少的時間和努力去學習投資，才能有對應的成果？所以請不要心急，你以為你學很久了，其實你根本還沒開始呢？

每一個專業的投資人，都必須經過苦讀投資書籍、修習一定時數的專業課程、寫過無數本解盤練習和交易筆記、無數的實戰賺賠經驗……，才會學到真實的功夫，絕對不是一般人想像的，在沙發上按按遙控器、滑滑手機，輕輕鬆鬆就會賺到錢。

倘若真的有這樣的懶人投資法，那股神巴菲特（Warren Buffett）或是任何一位用功的投資大師，不就變成白痴嗎？就用所謂的懶人投資法就好了。如果花1年8個月，可以和18年的努力相同，那我會投入所有的資源，專心一意的傾全力去把它學好嗎？

「世界上，幸福的家庭都是相似的，不幸的家庭各有各的不幸。」俄國小說家托爾斯泰在《安娜·卡列尼娜》一書中說的這句話，套用在股票和投資也很好用。成功操盤者都有類似的模式，具備嚴謹的交易模式跟投資架構，搭配成熟的投資心法。但是失敗的投資者，卻各自有千千萬種失敗的面貌：不守紀律、槓桿過大、沒有進出邏輯、依賴感覺和直覺、缺乏交易系統不會獨立思考、迷信消息、愛聽明牌、攤平交易、不設停損、沒做好風險控管……。

投資這件事情之所以會這麼難，其實在於它和經濟息息相關。但經濟是人類的社會行為，只要與人有密切相關的學科，就不容易套用單純和固定的科學定律。所以投資人不但要將專業與所學知識綜合消化，更需要獨立思考，客觀分析所有外在的資訊。所以獨立思考是非常重要的，投資會運用到你從小到大一點一滴累積的人格特質和生活體驗，接收過的所有訊息、人生經驗，這些都是無法完全模組化教學的，股市是對人性的總檢討。

相信多數人對我的認識，都是透過媒體或是臉書（Facebook），知道我第 1 次買股是買鴻海（2317），第 1 次慘賠是買宏達電（2498）。當然資歷更深一點的粉絲，會知道我有經營連鎖餐飲品牌，還有從事餐飲顧問、品牌行銷……，但這邊想跟大家聊聊，一段從未發表的小故事。

其實，在我 30 歲以前，壓根兒都沒想過有一天我會投資股票。甚至在 20 歲讀大學時，會計學、統計學我都驚險地熬過去了，唯一被當的 2 門課程是管理數學、財務管理。從此之後我在心中暗暗盤算，以後我如果再進修、進入職場，一定要避開這件事情。果真我在出社會以後，從事的是人力資源、行銷企畫、餐飲管理……。確實很巧妙了避開了我所謂的「罩門」，而在上述領域中，我也發展得還

算滿意。

直到30歲後，慢慢發現，投資理財這件事情，其實是避無可避的，於是我選擇面對它。因為只要人活著，就脫離不了「錢」這件事情。而廣義的來說，只要是用錢的行為，都是投資的延伸。以前年輕錢少的時候感受不深，等資金逐漸累積，才漸漸感受到投資的力量。於是我強迫自己學習，股票、房地產、外匯、基金、保險……，我都做了一些了解，最後才選定要在股票這個領域積極的投入。

2020年，我回母校中原大學獲頒商學院傑出院友，還遇到當時的授課老師，老師還問我現在從事什麼工作，我說投資股票。人生就是這麼奇妙！曾經一度恨透了跟財經數字相關的東西，絕對不會想到經過20年之後，我竟然會整天與數字打交道。

上面這一段寫下來，並不是想要自誇，我真正想表達的重點是，「找到自己的興趣和專長，不要排斥任何學習，人生沒有什麼是不可能的。」如果說一個財務管理跟管理數學都被當過的人，後來竟然成為股票專職投資人，你覺得還有什麼是不可能的嗎？

國家圖書館出版品預行編目資料

專買黑馬股②：從魚頭吃到魚尾的飆股操作法／楊忠憲著.
-- 一版. -- 臺北市：Smart智富文化，城邦文化事業股份
有限公司，2022.07
　　面；　　公分
ISBN 978-626-95659-9-3(平裝)

1.CST：股票投資 2.CST：投資技術 3.CST：投資分析

563.53　　　　　　　　　　　　　　　111010546

# Smart智富

## 專買黑馬股②
# 從魚頭吃到魚尾的**飆股操作法**

作者　　楊忠憲
企畫　　周明欣

商周集團
執行長　郭奕伶
總經理　朱紀中

Smart 智富
社長　　林正峰
總編輯　劉　萍
總監　　楊巧鈴
編輯　　邱慧真、施茵曼、王容瑄、張乃偵、陳婕妤、陳婉庭、
　　　　蔣明倫、劉鈺雯
協力編輯　曾品睿
資深主任設計　張麗珍
封面設計　廖洲文
版面構成　林美玲、廖彥嘉

出版　　Smart 智富
地址　　104 台北市中山區民生東路二段 141 號 4 樓
網站　　smart.businessweekly.com.tw
客戶服務專線　（02）2510-8888
客戶服務傳真　（02）2503-5868
發行　　英屬蓋曼群島商家庭傳媒股份有限公司城邦分公司

製版印刷　科樂印刷事業股份有限公司
初版一刷　2022 年 7 月
初版二刷　2022 年 8 月
ISBN　　978-626-95659-9-3